365일 날마다 마시는 차茶 한 잔의 행복

365 Things Every Tea Lover Should Know

365일 날마다 마시는 차茶 한 잔의 행복

365 Things Every Tea Lover Should Know

Harvest House Publishers 편집부
김보선 옮김

새로운사람들

새로운사람들은 항상 새롭습니다.
독자의 가슴으로 생각하고 독자보다 한 발 먼저 준비합니다.
첫만남의 가슴 떨림으로 한 권 한 권 만들어 나가겠습니다.

365일 날마다 마시는 차茶 한 잔의 행복

초판1쇄 인쇄 2009년 8월 25일
초판1쇄 발행 2009년 8월 31일

Harvest House Publishers 편집부
옮긴이 김보선
펴낸이 이재욱
펴낸곳 (주)새로운사람들

편집실장 김승주
디자인 이세은
마케팅 · 관리 김종림

등록일 1994년 10월 27일
등록번호 제2-1825호
주소 서울 용산구 효창동 5-3번지
대신빌딩 2층 (우 140-896)
전화 02) 2237-3301, 2237-3316
팩스 02) 2237-3389
http://www.ssbooks.co.kr
e-mail/ssbooks@chol.com

ISBN 978-89-8120-410-5(03840)

* 책값은 뒤표지에 씌어 있습니다.

| 머리말 |

차 마실 시간을 위하여

차茶. 참 자그마한 단어이지만, 이 말은 생각, 전통, 취향, 역사, 도구, 해외여행, 발명, 레시피, 산업, 그리고 사회적 기품이 넘쳐흐르는 하나의 우주를 떠올리게 합니다. 차는 매혹적인 섬세함과 기쁨의 끝없는 목록입니다.

당신이 차를 마시게 된 지 얼마 되지 않았든, 한 잔의 영감으로 예전부터 한 모금씩 마셔 왔든, 당신은 전세계에서 따뜻함과 편안함 및 관대함을 상징하는 그 음료를 칭송하는 여러 가지 이유를 각 페이지마다에서 발견할 것입니다.

방금 막 따른 차 한 잔은 대화와 침묵을 똑같이 유지합니다. 공동체와 고독, 기쁨과 성찰, 주는 것과 받는 것. 이것은 차의 풍요로움과 놀라움입니다. 차 한 잔 마시며 차의 모든 것을 음미하세요.

| 옮긴이 머리말 |

차를 마시며 살을 뺐다

"돼지!"

"고릴라!"

"킹콩!"

"……."

제가 어렸을 때부터 늘 들어 왔던 말입니다. 그때마다 저는 늘 숨어 버리기에 바빴습니다. 저는 초등학교 1학년 신체검사 때부터 중등비만 판정을 받았고, 그 이후로 중등도 비만, 중학교 1학년 때는 무려 68kg에 육박하는 몸무게를 가져 고도비만 판정까지 받았습니다. 중학교 1학년 여름방학 무렵, 1년 조금 넘게 미국으로 유학을 떠났습니다. 엎친 데 덮친 격이었죠. '미국' 하면 선진국이라는 좋은 단어도 떠오르지만, '비만', '기름진 음식', '인종차별' 같은 좋지 않은 단어들도 떠오르게 되잖아요? 저는 미국에 가서도 다이어트 할 생각은

하지 않고 마음 편히 잘 먹었는데, 어쩌면 70kg까지 갔을지도 몰라요.

초등학교 1학년 때부터 중학교 시절까지 늘 비만이라는 단어를 달고 다녔기 때문에 저는 늘 매사에 소극적이었어요. 사람들의 시선이 두려워 집 밖에 나가 돌아다니기도 꺼려 했습니다. 엄마가 옷을 사 주는 대로 입었을 뿐, 직접 옷가게에 가서 쇼핑을 하는 것은 상상도 못했어요. 제 몸집에 맞는 사이즈가 있을까 싶어서요. 그러는 동안 아빠와 정말 많이 싸웠습니다. 엄마는 제가 상처를 받을까 봐 오히려 아빠를 나무라셨죠. 아빠는 제 건강이 걱정되어 제가 음식 조절을 하기를 바라며 제 생활에 개입하셨겠지요.

저는 아빠의 그런 마음도 모르고 사람들의 시선이 두려워 밖에 나가기를 꺼려 했어요. 성장기 때라 그랬던지 식욕이 너무 왕성해서 음식 조절을 할 생각은 안 했죠. 그때는 저를 나무라는 아빠가 세상에서 가장 미운 사람이었어요. '나중에 커서 엄마하고만 살 거야', '내가 결혼하면 엄마한테만 효도할거야' 라고 생각했을 정도였으니까요. 저는 미국에서 한국으로 돌아온 다음 우연한 기회에 차를 마시기 시작했는데, 어느 날 보니 무려 15kg 정도가 빠져 있었죠. 운동이라고 해 봐

야 간단한 스트레칭이 전부였는데 말이죠. 중국인과 일본인들은 식후에 늘 차를 마셔서 살이 안 찐다고들 하죠? 그 말이 이해가 되었습니다.

차는 제 인생에 전환점을 만들어 주었어요. 차를 마시며 다이어트에 성공했고, 그런 저는 자신감을 되찾아 친구들과도 더 잘 어울리며 매일매일 활기찬 학교생활을 했습니다. 사이즈가 맞지 않아서 입고 싶어도 못 입었던 예쁜 옷들을 직접 골라 입었어요. 다이어트를 하는 동안 규칙적으로 생활을 했던 것이 습관이 되어 하루하루를 더 알차게 보내고, 즐거운 마음으로 공부했어요. 시간이 흐른 다음, 고등학생이 되고 나서야 아빠의 마음을 이해했습니다.

이 책은 『365 Things Every Tea Lover Should Know』(Harvest House Publisher 편, 2008)를 번역한 것입니다. 매일 차를 마시기 때문에 관심을 가지고 재미삼아 읽다가, 원서를 마지막 장까지 읽고 나서 차에 대한 고마운 마음으로 번역을 해보고 싶다는 생각이 들었죠. 어떤 고마움이냐고요? 단순하게 말하면 살을 빼도록 도와준 고마움이라고 할 수 있겠지만, 제 건강한 생활을 되찾게 해 준 데 대한 고마움이라고 말하고 싶어요. 차로 인해 잃었던 자신감을 되찾았고, 매사에

적극적으로 임하게 되었으며, 차를 마시면서 제 자신을 되돌아볼 수 있었으니까요. 그리고 우리말로 옮기는 과정에서 잘 모르는 차에 관한 전문용어가 나오면 인터넷 검색을 해서 그 뜻을 이해했는데, 제가 참고한 내용을 각주에 그대로 소개했어요. 독자 여러분에게도 도움이 되리라고 생각합니다.

차를 마신 다음부터 제 건강을 걱정해 주셨던 제 주변 분들의 마음을 이해하게 되었습니다. 무엇보다 '아빠는 나를 싫어하나 봐', '아빠는 왜 늘 나한테만 뭐라고 하는 걸까?' 하며 늘 아빠를 경계하던 제 자신의 잘못된 생각을 뉘우쳤습니다. 그리고 딸에 대한 아빠의 진정한 사랑을 느꼈습니다. 그래서 저의 고마운 마음을 번역을 통해서 보답하고 싶었죠. 비록 고등학생이 번역한 것이지만 믿고서 책을 내주신 〈새로운 사람들〉의 이재욱 사장님께 감사드립니다. 그리고 초벌 번역을 읽고 나서 오역이나 어색한 문장을 깔끔하게 다듬어 주신 아빠(김병희)에게도 재스민 차 한 잔 타드리고 싶어요.

째깍째깍……. 우리는 하루 내내 1초마다 움직이는 시침 속에서 바쁜 일상을 살아갑니다. 하루 24시간은 총 86,400초인데, 이 중 우리가 차를 충분히 음미할 수 있는 시간은 과연 몇 초나 될까요? 직장인들도 저 같은 고등학생들도 정신없이 보내기는 마찬가지입니다. 오전 8시까지 등교해서 오후 4시가 넘어서야 정규수업이 끝나고, 보충수업과 야간자습까지 하면 밤 9시가 넘어요. 하루의 절반을 학교에서 보내는데, 치열한 입시 경쟁 속에서 '차 마실 여유' 찾기란 쉽지 않습니다.

하지만 지금부터라도 차 한 잔 마시면서 자신의 일상을 되돌아보는 시간을 가져 보세요. 바쁜 일상 속에서도 이 책을 읽고 따뜻한 차 한 잔을 마시며 잠시 위안을 얻으셨으면 좋겠어요. 평범한 고등학생이 번역한 것이라며 어떤 분은 콧방귀를 뀔 수도 있고, '번역이 아니라 단순한 문장해석이겠지' 라고 생각하실 수도 있습니다. 네, 저의 완벽하지 않은 미숙한 솜씨가 그대로 드러나 있어요. 하지만 제가 읽었던 앤솔로지를 독자들과 함께 나누고 싶다는 생각에서, 책이라는 이름의 귀한 차를 끓였습니다. 한 페이지씩 찻잔에 따른 다음 천천히 마셔 보세요.

2009년 8월

옮긴이 **김보선**

1월

January

1 1월 1일

훌륭한 찻주전자를 만들려면,
물을 끓이는 동안
찻주전자가 데워지도록
뜨거운 물을 붓는다.

2 1월 2일

이봐,
만약 자네가 내 복잡한 생각을 없앨
차 한 잔만 준다면,
자네가 하는 일을
더 잘 이해할 수 있을 것 같아.

– 찰스 디킨스Charles Dickens

3 1월 3일

아이스 티iced tea는 1904년
세인트루이스 만국박람회에서
고국에서 추방된
리처드 블레친든Richard Blechynden이라는
영국인이 발명했다.
그는 핫 티hot tea가 잘 팔리지 않자
핫 티를 얼음 위에 부었고,
곧바로 성공했다.

4 1월 4일

천국에 이르는 길은
찻주전자를 거쳐 간다.

– 고대 속담

5 1월 5일

18세기 초 영국에서
차는 커피숍에서 남자들에게만 제공되었다.
만약 여자들이 커피숍에서 차를 마시고 싶으면
여자를 위해 남자가 대신 사 줘야 했다.

6 1월 6일

기문keemun[1]은 중국산이며
'차의 포도주burgundy of tea' 로 알려져 있다.
부드러운 맛의 고급품이다.

7 1월 7일

세상에는

크게 네 종류의 차가 있다.

홍차, 우롱차, 녹차, 그리고 백차.

8 1월 8일

홍차는

오랜 산화 과정을 거친다.

---

1) 기문祁門 keemun은 중국 안후이성安徽省 서남부에 위치한 기문 지방에서 주로 생산되는 홍차로 다르질링, 우바와 함께 세계 3대 홍차로 인정받고 있으며 중국에서는 귀족들이 즐기는 고급차로 취급되었다. 기문 지방은 당나라 때부터 녹차를 생산하던 곳으로 아삼 종보다 잎이 작고 타닌 성분이 적은 소엽 종을 많이 재배한다. 6~8월에 수확하며 8월에 생산된 것이 가장 품질이 좋다. 주황빛이 도는 찻물 색에 은은하고 부드러운 향이 오래 간다. 얼 그레이 홍차나 각종 향 차의 원료로 많이 사용되며, 제조과정에서 더 정교하고 섬세하게 정성을 기울인 차는 쿵푸 차라고 부른다(100.naver.com/ 100.nhn 참고).

9 1월 9일

백차는
최소한의 공정을 거친다.

10 1월 10일

난 웃고 있네, 물론,
그리고 차를 마시네.
"내 잃어버린 삶을
어떻든 떠올리게 하는 4월의 해질녘,
그리고 봄날의 파리Paris,
하지만 무한한 평화를 느끼며
결국 놀랍고 활기찬 세계를 발견하네."

– T. S. 엘리엇T. S. Eliot

11 1월 11일

큰 병에 차를 끓일 때,
차갑고 신선한 물을
주전자에 채운다.
그 다음에
주전자를 끓인다.

12 1월 12일

귀족과 대중들이 함께 활보하던
사회적 용광로인 다원茶園에
커피숍이 자리를 내주면서부터,
18세기 전반의 사회생활은 더 복잡해졌다.

13 1월 13일

은빛 재스민은
녹차에 상큼한 향기와 가벼운 맛을 더해 주는
섬세한 꽃이다.

14 1월 14일

사회적 균형 면에서
작은 사치품의 조합에 따라
차 마시는 시간이 조정되었다.
혼자 차 마시는 것도 분명 좋은 일이지만,
전체는 부분보다 크다는 사실을 확인하며
한 무리의 소중한 친구들과 함께
차를 마셔 보자.

– 작자 미상

15 1월 15일

당신이 해야 할 일은
때때로 아이들에게
약간의 차와 동정심을 주는 것이다.

– 로버트 앤더슨Robert Anderson

16 1월 16일

소중한 의식의 장식물로써,
차는 겨울의 냉기를 막아 주는 부적이자
일상의 지루함에서 벗어나게 하는 휴식이다.

– 사라 잉글러Sarah Engler

17 1월 17일

그는
중국의 파란색 찻주전자에 차를 끓여
손잡이에 물망초가 그려진
이 빠진 흰색 잔에 부었고
약간의 벌꿀과 크림을 넣었다.
그는 첫눈이 내리는 것을 보며
한 손에 잔을 들고 창가에 앉았다.
"고요함이 좋아요.
난 정말 행복한 놈이죠" 하며,
그는 숨을 깊게 내쉬었다.

– 에셀 포콕키Ethel Phchocki,
〈들꽃 차Wildflower Tea〉에서

18 1월 18일

러시안 캐러번Russian caravan은

랍상 소우총正山小種[2] 향이 나는

향기로운 홍차다.

온종일 마시기에

가장 이상적인 차이다.

---

2) 랍상 소우총Lapsang Souchong 正山小種은 중국 푸젠성福建省 무이산시武夷山市 성촌진星村鎮 일대에서 생산하는 정산소종正山小種이라는 홍차의 현지 언어를 영어로 읽은 것이 지금의 이름이 되었다. 19세기 초반까지 가장 환영받는 세계 최고의 차 중 하나였다. 우롱차 제조에 쓰는 크고 긴 잎으로 만드는데, 찻잎은 솔잎을 태워 그을려 만들며 소나무 향이 난다. 러시안 캐러번Russian Caravan과 얼 그레이 홍차의 브랜딩에 기본재료로도 많이 사용된다(ko.wikipedia.org/wiki/ 참고).

19 1월 19일

검은 건포도 아이스 티

건포도 티백 6개, 끓는 물 2컵

설탕 $\frac{1}{4}$컵, 찬물 3컵

크랜베리[3] 주스, 얼음.

티백에 끓는 물을 붓는다.

90초 동안 우려낸 다음 티백을 꺼낸다.

설탕과 찬물을 섞는다.

얼음과 크랜베리 주스를 넣는다.

– 샌디 리냄 클로우Sandy Lynam Clough,
〈차와 우정의 예술The Art of Tea and Friendship〉에서

3) 크랜베리Cranberry는 진달래과의 일종이며 그 열매를 뜻하기도 한다.

20 1월 20일

나 스스로 그렇게 할 수만 있다면
언제나 그 곳에서처럼
그렇게 살고 싶다.
언제나 8시 정각에 아침을 먹고,
9시쯤에 책상에 앉아
오후 1시까지
뭔가 읽거나 글을 쓰고 싶다.
11시쯤에
한 잔의 좋은 차나 커피를 마신다면
더할 나위 없이 좋겠다.
차는 고독 속에서 즐겨야 한다.

– C. S. 루이스C. S. Lewis,
〈기쁨의 충격Surprised by Joy〉에서

21 1월 21일

차의 기원에 대한 전설은
기원전 2737년
우연히
찻잎이 뜨거운 물 사발에 떨어지는 것을 본
중국의 신농神農[4]황제가
발견했다는 것이다.

22 1월 22일

'부드러운 박하' 나
'달콤한 박하' 로 알려져 있는 레몬 박하[5]는
레몬 향이 나는 허브차이다.

23 1월 23일

찻주전자가 놓여 있고,

잔들이 기다리고 있고,

마음에 드는 의자가 기다리고 있고,

내가 해야 할 어떤 일에 관계없이,

친구여,

자네를 만날 시간은 언제나 있다네.

– 작자 미상

---

4) 신농Shen Nung 황제는 고대 중국 신화에 나오는 삼황三皇 중 2번째 황제이다. 정식 이름은 염제炎帝. 기원전 28세기에 인신우두人身牛頭의 형상을 하고 태어났다고 전해진다. 마차와 쟁기를 만들었고 소를 길들이고 말에게 멍에를 씌웠으며, 백성들에게 불로써 토지를 정화하는 법을 가르쳤다. 신농은 중국을 확고한 농경사회로 만드는 데 기여했다고 알려져 있다. 그는 태어난 지 3일 만에 말을 하고 1주일이 되기 전에 걸어 다녔다고 전해진다(enc.daum.net/dic100 참고).

5) 레몬 박하Lemon Balm는 쌍떡잎식물 통화식물목 꿀풀과의 여러해살이 풀이다.

24 1월 24일

차에 갓 입문한 지인이나 친구가 있나요?

산뜻한 차파티…….

차를 맛보는 파티를 생각해 보세요.

여분의 맛을 더해 주는 여러 가지와 함께

홍차, 녹차, 우롱차를 준비해서

배치해 보세요.

---

6) 로이부스roy-boos로 발음된다(저자 주). 로이부스는 남아프리카의 고산지대에서 생육하는 콩과식물의 침엽수로 약효가 뛰어나며 학명이 아스파라사스 리네아스Aspalathus Linearis이다. 케이프타운 북쪽에 있는 세더버그Cederberg 산맥 일대에 자생하며, 로이부스란 아프리카어로 '붉은rooi' + '넝쿨bos' 이란 뜻이다. 이 차의 향을 즐기면 허브티와 마찬가지로 기분이 좋아진다. 이 차는 20세기 초 식물학자 노체 박사 일행이 남아프리카 조사 방문을 마치고 나서 유럽에 소개함으로써 비로소 문명사회에 알려졌다(en.wikipedia.org 참고).

25 1월 25일

아무튼,

그 클럽은 그저 세상에서 제일 조용한 곳,

여자들이 잠깐 손을 씻고 머리를 빗고

도서관의 책을 바꾸고

한 잔의 차를 마시는 그런 장소였다.

– 캐서린 톰슨 노리스Kathleen Thompson Norris,

〈토요일의 어린이Saturday's Child〉 중에서

26 1월 26일

로이부스Rooibos[6]는

남아프리카에서 자라며

바늘 모양의 잎사귀는 차처럼 발효된다.

27 1월 27일

캐나다에 사시는 분이라면,

적 장미Red Rose 차를 맛볼 수 있다.

이 브랜드는

보통의 중국차와 일본차를 능가하는

인도 차와 스리랑카 차를 섞어

1899년에 만들어졌다.

결국 캐나다와 영국에서 대성공을 거두었다.

28 1월 28일

그리고 항상 중용을 지키는 나는

막 일곱 번째 녹차 잔을 기울였다.

– 하틀리 콜러릿지Hartley Coleridge

29 1월 29일

지금 불을 켜고, 뚜껑을 빨리 닫고,
커튼을 치고, 소파를 둥글게 배치하고,
주전자가 쉿쉿 소리를 내며 부글거릴 동안
수증기의 기둥을 무너뜨리고
각자 원기를 북돋아 주지만
취하게 하지는 않는 잔을 들어,
모두들 평화로운 밤을 즐겨요.

– 윌리엄 카우퍼William Cowper

30 1월 30일

나는 5시에 가볍게 재충전하는 것이
성숙한 사회의 관습이라고 믿는다.

– 오스카 와일드Oscar Wilde

31 1월 31일

찻주전자가
고독의 기쁨과 친교의 즐거움을
어떻게 동시에 재현할 수 있는지
너무 놀랍다.

– 작자 미상

2월

February

32 2월 1일

차는 습기를 흡수한다.
티백이나 아직 물에 넣지 않은 차는
반드시 냄비나 밀봉된 병에 보관하라.

33 2월 2일

몇 년에 걸쳐 함께한
많은 시간의 놀라운 기억들
우리의 나날을 밝혀 준
많은 미소와 웃음들
우리가 오직 서로를 위해 빌어 준
많은 기도들.

– 작자 미상

34 2월 3일

테이블에서 차를 마실 때,
잔과 받침을 동시에 들 필요가 없다.

35 2월 4일

시골집에 도착해서 마시는 차 한 잔은
내가 특별히 즐기는 규칙 같은 것이다.
탁탁 소리 나는 통나무, 어두운 불빛,
버터 바른 토스트 냄새,
나는 한가롭고 평온한
평범한 분위기를 좋아한다.

– P. G. 워드하우스P. G. Wodehouse,
〈우스터의 코드The Code of the Woosters〉 중에서

36 2월 5일

큰 주전자에 차를 끓일 때,
도기나 유리 찻주전자를 쓰라.
금속 주전자에 끓인 차는
금속 맛을 낼 수도 있다.

37 2월 6일

로이부스[7]는
진정시키는 타닌과, 몸에 좋은 단백질, 칼슘,
그리고 미량의 원소가 함유된 전통 음료이다.

---

7) 본문 26의 각주 참조.

38 2월 7일

첫 잔은 목과 입술을 부드럽게 적시고
둘째 잔은 내 모든 외로움을 떨쳐내고
셋째 잔은 내 마음의 답답함을 물리치고
독서에서 얻은 모든 영감을 날카롭게 하네.
넷째 잔은 약간 땀이 나게 하고
땀구멍으로 인생의 고통을 날려 버리네.
다섯째 잔은 내 모든 원자를 정화시키고
여섯째 잔은 나를 불멸의 인간으로 착각하게 하네.
이 일곱째 잔은….
더 이상 마실 수 없네.

– 루 텅盧同 Lu Tung[8)]

8) 루 텅(蘆同, 795~835)은 중국 당나라 때의 시인으로 차 마시는 즐거움을 묘사한 〈주사맹간의기신다走謝孟諫議寄新茶〉로 유명하다. 이 시는 일명 〈칠완다가七碗茶歌〉로 알려져 있다. 위의 본문 내용과 아래에 소개하는 시의 원문을 비교하면 차이가 있는데, 이 책을 펴낸 Harvest House 출판사에서 한시 원문을 바탕으로 약간 패러디했거나 영어로 번역하는 과정에서 오역을 한 것 같다. 〈칠완다가七碗茶歌〉 원문을 제시하면 다음과 같다(www.naver.com 백과사전 참고).

一碗喉吻潤(일완후문윤)
二兩碗破孤悶(이양완파고민)
三碗搜枯腸(삼완수고장)
惟有文字五千卷(유유문자오천권)
四碗發輕汗(사완발경한)
平生不平事 盡向毛孔散
(평생불평사 진향모공산)
五碗肌骨淸(오완기골청)
六碗通仙靈(육완통선령)
七碗喫不得也(칠완끽부득야)
唯覺兩腋習習淸風生
(유각양액습습청풍생)
蓬萊山在何處(봉래산재하처)
玉天子乘此淸風慾歸去
(옥천자승차청풍욕귀거)

첫 잔은 목구멍과 입술을 적시고
둘째 잔은 외로운 번민 씻어 주네
셋째 잔은 메마른 창자 찾나니
생각나는 글자가 오천 권이나 되고
넷째 잔은 가벼운 땀 솟아
평생의 불평 모두 털구멍으로
흩어지네
다섯째 잔은 살과 뼈를 맑게 하고
여섯째 잔은 선령과 통했네
일곱째 잔은 채 마시지도 않았건만
오직 겨드랑이에 맑은 바람이
일어나는 것 같다
봉래산은 어디에 있는가?
옥천자(시인 루텅)는 이 청풍을
타고 돌아가고 싶구나

39 2월 8일

구리 주전자에서 삑삑 소리가 나면
차 마실 시간이라는 신호.
예쁜 도자기 잔에 뜨거운 차를 가득 채운다.
레몬, 설탕, 달콤한 크림도 있다.
하지만 가장 좋은 것은 당신과 나 사이의 우정.
우리가 사랑스럽게 오후의 차를 마시듯.

– 마리안나 아롤린Marianna Arolin

40 2월 9일

얼마나 필요한지 알 수 있게
차를 따른 다음,
우유를 넣어야 한다.

41 2월 10일

우리가 함께 앉아,
차를 마시면 좋겠다.
그럴 수 없다면
당신이 차를 마실 때,
나를 생각해 줘요.

– 작자 미상

42 2월 11일

옛날에는
도자기의 표면을 보호하는 방법으로
먼저 컵에 우유를 부었지만,
이제는 그럴 필요가 없다.

43 2월 12일

로이부스[9]는 케이프타운 근처
세다르버그Cedarburg 지역에서만 자란다.
바늘처럼 생긴 초록색 찻잎 이름은
'붉은 덤불' 이라는 아프리카 말에서 유래했다.
마르게 내버려두면 잎이 선명하고 빨갛게 변한다.

44 2월 13일

고상하면서도 우아한 도자기 찻잔은
사람을 온화하게 하고,
따뜻한 생각을 하게 하며,
친밀감을 느끼도록 한다.

– 캐럴과 맬컴 코헨Carol and Malcolm Cohen

45 2월 14일

사사프라스 나무를

어떤 차로 끓여내,

우유와 설탕의 혼합물과 섞은 다음

호화로운 도자기를 능가하는

어떤 우아함을 만들자.

– 찰스 램Charles Lamb

---

9) 본문 26의 각주 참조.

10) 라즈베리raspberry는 나무딸기 속의 각종 식물로 보통 산딸기라고 부른다. 실제로는 아주 작은 열매들이 뭉쳐져 있는 '다육과'로 각각의 작은 열매에 씨가 들어 있다. 달콤하고 즙이 많으며 빨간색, 검은색, 흰색이 있다. 라즈베리는 초여름과 늦여름 두 번에 걸쳐 수확하며 신선한 과일로 따먹는다. 또한, 오븐에 굽는 요리, 시럽, 퓌레, 소스로 사용되며 식초의 향과 맛을 내는 데도 쓰인다(en.wikipedia.org 참고).

46 2월 15일

차의 신에게 감사드리자!
차가 없다면
세상에서 무엇을 하겠는가?
차는 어떻게 존재하게 되었을까?
차보다 먼저 세상에 나오지 않아
나는 기쁘다.

– 레버렌드 시드니 스미스Reverend Sydney Smith

47 2월 16일

놀라우리만치 달콤한 열매와는 별도로,
산딸기[10)]에서 과즙을 얻고
과일 향을 내는 데 적격인
잎을 얻을 수 있다.

48 2월 17일

나는 영원불멸에는 전혀 관심이 없지만,
오직 차 맛의 영원함에는 마음이 쓰이네.

– 루 텅蘆同 Lu Tung[11)]

49 2월 18일

차는
우정을 일깨운다.

11) 본문 38의 각주 참조.

50 2월 19일

황홀경이란
유리병 가득 차를 담아
설탕 한 조각을 입에 넣는 것이다.

– 알렉산더 퍼스킨Alexander Puskin

51 2월 20일

나는 5시 반에 차를 마시고,
아무도 버터 바른 토스트를 기다리지 않는다.

– 윌키 콜린스Wilkie Collines,
〈백인의 여자The Woman in White〉에서

52 2월 21일

셰르파Sherpa[12)]차는

보통의 우롱차와 다르질링Darjeeling[13)] 홍차를

혼합한 것이고,

고지에서도 끓일 수 있다.

고지에서는 물이 더 낮은 온도에서 끓는다.

---

12) 셰르파Sherpa는 히말라야 산중의 티베트계 주민으로 산을 잘 타서 히말라야를 등반할 때 짐 운반과 길 안내를 해 주는 사람을 가리킨다. 약 500여 년 전에 티베트의 동쪽에서 전쟁을 피해 에베레스트 동쪽으로 피난을 왔다가 다시 히말라야 산맥을 넘어 지금의 쿰부 지방에 정착하면서 유래된 이름이다(cafe.daum.net/chol-ma 참고).
13) 다르질링Darjeeling은 인도의 서벵골 주 다르질링 행정구의 행정중심도시로 시킴히말라야 산맥의 길고 좁은 줄기에 자리잡고 있으며, '벼락이 치는 곳' 을 뜻한다. '홍차의 샴페인' 으로 알려진 다르질링 홍차는 다르질링 지역에서 생산되는 홍차로 우바, 기문과 더불어 세계 3대 홍차의 하나이다(en.wikipedia.org 참고).
14) 에그노그Eggnog는 우유와 달걀에 브랜디나 럼주를 섞은 칵테일 음료이다.
15) 육두구nutmeg 肉荳蔻는 쌍떡잎식물 미나리아재비목 육두구과의 상록활엽 교목이다.

53 2월 22일

핫 티 에그노그

감미로운 홍차 1쿼트

시판용으로 준비된 에그노그[14] 2컵

맛을 내기 위해 신선하게 간 육두구[15]

....

소스 팬에서 차와 에그노그를 섞는다.

혼합물에서 김에 날 때까지 중간 정도로 가열한다.

끓이지 않는다.

갈은 육두구를 조금 뿌려 곧바로 내놓는다.

– 휠러와 코르테피터Susan Wheeler and Paul Kortepeter, 〈빅토리아 장미를 곁들인 차Tea with Victoria Rose〉에서

54 2월 23일

한국에 사시는 분이라면,

국화차 한 잔을 즐기고 있을지 모른다.

국화차는 두통과 열병을 낫게 하는 동시에

두뇌를 맑게 하는 차로도 알려져 있어

가장 선호되는 티잔tisane[16]의 하나이다.

---

16) 티잔tisane은 약초 향내가 나는 달인 차이다.

17) 중국의 광동 지역에서 쓰는 말. 광둥어廣東話 cantonese와 북경어北京話 mandarin의 차이점은 표준어가 북경어라면 방언이 광둥어이다. 우리나라와 대만에서 쓰는 한자를 번체자로 쓰듯, 광둥어에서도 번체자를 사용하며, 좀더 간단한 한자인 간체자는 북경어에서 사용한다. 그리고 발음도 완전히 다르다. 성조도 북경어에는 4가지 성조가 있는데, 광둥어는 훨씬 다양하다고 한다(www.naver.com 백과사전 참고).

18) 딤섬飮茶은 원래 중국 표준어 디엔신點心의 광둥어 발음이며 그 광둥어 발음이 해외로 알려지면서 영문화된 명칭이다. 홍콩에서는 '얌차Yam Cha 飮茶' 라는 명칭으로 더 많이 통하는데 얌차는 말 그대로 '차를 마신다' 는 뜻으로 차를 마실 때 대체로 '딤섬點心' 을 같이 먹는다. 얌차는 아침과 점심 식사 때만 먹는 것으로 작은 접시나 바구니에 담긴 간식 같은 음식을 늘어놓고 함께 먹으면서 교제를 나누는 형태이다. 식당에 따라 메뉴판에 표시해서 주문하는 경우도 있고, 아주머니들이 음식이 담긴 수레를 끌고 다니면 직접 그 음식을 보고 고르는 경우도 있다(en.wikipedia.org 참고).

55 2월 24일

광둥어cantonese 廣東話[17]를 쓰는 사람들은 대개
자신들의 전통을 '차를 마신다'는 뜻에서
얌차yam cha 飮茶[18]라고 하지만
친구를 식사에 초대하면 그날의 시간도 말해 줄 것이다.
광동 지역 전역에서 오전 5시부터 자정까지,
아침의 차, 점심의 차, 오후의 차, 저녁의 차,
그리고 늦저녁의 차를 마실 수 있는 레스토랑이 문을 연다.

– 메리 앤 오돈넬Mary Ann O' Donnell

56 2월 25일

차는 처음에 약으로 시작되어
선택하는 음료로 변해 왔다.

57 2월 26일

나는 약간 급히 홀짝인다. "정말 좋은 차야."
그리고 이런 차를 맛본 적이 없었던 것 같다.
이 차는 부드럽고, 자극적이며, 곧 중독된다.

"유모가 준거야"라고 엄마가 말씀하신다.
"유모는 '내가 만약 값싼 차를 산다면, 내 인생 전체가
그 무엇보다 가치가 없었다고 내가 말하는 것' 이라고 했어.
몇 년 전에 그녀는 그녀 자신을 위해 차를 샀지.
파운드당 100달러짜리 차를."

"설마."
나는 한 모금 더 마신다. 맛이 더 좋다.

– 에이미 탠Amy Tan,
〈부엌신의 부인The Kitchen God' s Wife〉에서

58 2월 27일

하루에 차 한 잔을 마시면

약국에 덜 가게 될 것이다.

– 중국 속담

59 2월 28일

최초의 이싱宜興[19] 찻주전자는

중국 명나라(1368~1644)의 초기까지 거슬러 올라간다.

---

19) 이싱宜興 Yixing은 중국 장쑤성江蘇省 장쑤 평야 남쪽에 위치한 도시로, 중국의 '도자기의 수도' 라 불릴 만큼 도자기로 유명하다. 지역에서 생산되는 점성이 매우 높은 점토를 활용한 유약을 바르지 않은 질그릇이 특산물이다. 차나무와 대나무도 이싱의 특산물이며, 이곳에서 생산된 찻잎으로 만든 녹차에 양셴이라는 별도 상표를 붙여 판매한다. 1만 2천 ha에 달하는 넓은 대나무 숲이 있으며 대나무 공예도 발달했다(www.naver.com 백과사전 참고).

2월 29일은 그레고리력으로 60번째(윤년일 경우도 60번째) 날이다.
이날은 윤년에만 존재하는데, 윤년은 보통 서기의 해가 4의 배수인 해에 해당된다. 그러나 400의 배수인 경우를 제외하면 100의 배수에는 이날이 없다. 따라서, 이날이 생일이거나 제삿날이면 원칙적으로는 4년마다 생일을 쇠거나 제사를 지내야 한다. 이 때문에 대한민국 등 태음력을 사용하던 국가에서는 음력으로 생일을 쇠어 문제를 해결하기도 한다.
이런 현상이 일어나게 된 것은 지구의 공전주기가 365.2422일이기 때문이다.

탄생

1468년 – 교황 바오로 3세, 220대 로마 교황

1792년 – 조아키노 로시니, 이탈리아의 오페라 작곡가

1948년 – 정운찬, 대한민국의 경제학자, 교육자

3월

March

60 3월 1일

이싱 찻주전자는 원래 중국 이싱宜興 지역의
지샤紫砂 zisha[20] 점토로 만들었다.
이 점토는 다향을 흡수하고,
찻주전자는 쓸 때마다 계절에 맞게 변한다.

61 3월 2일

차는
친절을 일깨운다.

20) 자사紫砂는 중국 장쑤성江蘇省 이싱宜興의 서남부 지역에서만 생산되는 독특한 광물질로 보통 오색토五色土라고 한다. 중국의 대표적 다기인 자사호紫砂壺는 중국 이싱 지방에서 생산되는 자사를 이용해 유약을 바르지 않고 만든 주전자인데, 열전도율이 높고 보온력이 뛰어나다. 또한, 자사로 만든 찻주전자인 자사차호紫砂茶壺도 명품이다(ko.wikipedia.org/wiki/ 참고).

62 3월 3일

차의 길을 따르는 나 같은 사람들에게
가장 감동적인 일은 무엇일까?
대답은 이렇다.
'가슴 대 가슴'으로 만나
차 한 잔 나누며
주인과 손님이 하나 되는 것이다.

63 3월 4일

어떤 친구들은
그 도구가 우리에게 알려진 이후
사용해 온 조악한 찻주전자를 가지고 있다.
많은 여자들이 왜 진실로 탄식했을까!
그녀가 차 도구를 만들었을 때,
자연은 친절을 베풀었다.
그리고 소박한 마음에서
어떤 그림 시리즈와 기호품들이 떠올라
찻주전자와 찻잔을
둥그렇게 배치할지도 모른다.

– 윌리엄 메이크피스 태커리

William Makepeace Thackeray

64 3월 5일

따스한 홍차를 혼합한
아이리시 블랙퍼스트Irish Breakfast는
향기에 취한다.
아일랜드 사람들은 이 차를 자주 마시는데,
우유와 설탕을 곁들이면 맛이 더 좋다.

65 3월 6일

둘을 위한 차, 차를 위한 둘.
너를 위한 나, 나를 위한 너.

– 어빙 캐사Irving Caesar,
〈두 사람을 위한 차Tea for Two〉에서

66 3월 7일

차이chai[21]는
벌꿀, 바닐라, 신선한 생강과 향료가 들어 있는
맵고 달콤한 홍차이다.

67 3월 8일

생강 녹차 한 잔 마셔 보세요.
향기롭고 매콤한 맛이다.

68 3월 9일

고기를 전혀 먹지 않고

와인을 마시지 않아도 기분이 좋아요.

차와 토스트, 배고픔을 달래는 커스터드,[22)]

무한한 실러버블, 젤리, 민스파이[23)]가 있고,

귀부인 같은 사치를 누려요.

– 퍼시 비시 셸리Percy Bysshe Shelley

---

21) 차이chai는 인도식으로 조리해서 마시는 홍차이다.
22) 커스터드Custard는 우유, 달걀, 설탕 등을 섞어서 찌거나 구워 만든 서양 과자이다.
23) 민스파이Mince pie는 밀가루와 버터를 개어 잘게 다진 고기를 넣고 구워 만든 서양과자이다.

69 3월 10일

작년에도 눈이 내렸다.
내가 눈사람을 만들자
오빠는 눈사람을 무너뜨렸다.
나는 다시 오빠를 넘어뜨리고
그 다음 우리는 차를 마셨다.

– 딜런 토마스Dylan Thomas, 〈한 아이가 웨일스에서 보낸 크리스마스A Child's Christmas in Wales〉에서

70 3월 11일

1716년,
캐나다에 처음으로 차 화물이 도착했다.
차는 허드슨베이사에서 수입한 것으로,
도착하는 데 1년 넘게 걸렸다.

71 3월 12일

간단한 차 세트는
찻주전자, 찻잔, 잔 받침, 설탕그릇,
그리고 우유 용기로 구성된다.

72 3월 13일

완벽한 차 한 잔에 필요한 사랑스런 조리법

하나, 곁에 앉아 도와주기 좋아하는 정다운 친구
하나, 마음을 써 주는 고마운 마음을 가진 친구
하나, 하느님이 가까이 있음을 보여 줄 아름다운 정원

73 3월 14일

차!
그대는 부드럽고, 온유하고,
사려 깊고, 존경할 만한 액체…
명예로운 평범한 사람들에게,
내 인생의 가장 행복했던 순간들을
가을의 거리에 바친다.

– 콜리 시버Colley Cibber

74 3월 15일

공식적인 차 서비스에는
찻주전자, 찻잔, 잔 받침, 설탕그릇,
우유 용기, 커피포트, 뜨거운 물주전자,
차 찌꺼기 쏟는 그릇,
쟁반이 포함될 것이다.

75 3월 16일

친구들,
이걸 보면 멋진 차 한 잔을
어떻게 만드는지 알게 될 거야.
다른 방법을 찾지 말고,
찻주전자를 용기에 넣고
삑~ 하고 울리는 소리가 들리면
찻주전자에 물을 조금 부어 보는 거야
적당히 뜨겁게.
끓인 물을 차에 붓고
티백이 물러지면 건져내.
티백 하나로 두 잔을 만들고
나머지 티백 하나로 좋은 차를 끓이는 거지.
3~5분 동안 흠뻑 적신 다음 잔에 따르고,
그런 다음 바르게 앉아 마셔 보기를!

– 패트리샤 윈체스터Patricia Winchester,
〈오후의 차Afternoon Teas〉에서

76 3월 17일

"차를 좀더 마셔."

마치 해어는 앨리스에게 진지하게 말했다.

"아무것도 못 먹었어요.

그래서 더 마실 수 없어요."

앨리스는 거슬리는 말투로 대답했다.

"조금도 마실 수 없다는 말인데,

아무것도 안 먹기보다

좀더 마시는 게 좋아."

모자 장수가 말했다.

– 루이스 캐롤Lewis Carroll,

〈이상한 나라의 앨리스

Alice's Adventures in Wonderland〉에서

77 3월 18일

야생에서 자라는 차가

최상품이다.

정원에서 기른 차는 2순위다.

– 루 유Lu Yu 陸羽[24)]

24) 루 유(陸羽, 715~803)는 중국 당唐나라 때의 문인으로 760년경 다도茶道의 고전인 『다경茶經』을 지어 간행했다.

78 3월 19일

정식 차 세트에 들어 있는
차 찌꺼기 쏟는 그릇slop bowl[25]은
찻주전자를 데우는 데 쓰인
뜨거운 물을 담는 데 사용되었다.
과거에는 차 마시는 사람들이
막 끓인 차를 잔에 다시 채우기 전에
남아 있는 식은 차를
찌꺼기 쏟는 그릇에 부어 버렸을지도 모른다.

79 3월 20일

로이부스[26] 차는
불면증 치료에 좋다고 알려져 있다.

80 3월 21일

빵과 물은

아주 쉽게 토스트와 차가 될 수 있다.

– 작자 미상

81 3월 22일

차를 갖지 못한 나라에 살았다면

무섭지 않았을까요?

– 노엘 코워드Noel Coward

25) 찻잔이나 커피 잔에 남은 찌꺼기, 찻잎, 간 커피의 알갱이 등을 쏟는 그릇이다.
26) 본문 26의 각주 참조.

82 3월 23일

호주의 레몬 은매화myrtle[27] 차는
자극적인 레몬향을 섞은 완전 호주산이다.

83 3월 24일

페퍼민트 차는
한 모금 마실 때 두 가지 기쁨을 준다.
열정처럼 김이 나는 뜨거움
겨울 호수에 담근 듯한 차가움

---

27) 도금양목 도금양과의 상록 관목으로 은매화銀梅花 허브를 가리킨다. 지중해 연안의 북서부에서 동부까지가 원산지이며, 잎은 진한 녹색으로 창처럼 날카롭거나 타원형으로 생겼으며 딱딱하고 윤기가 있다. 살균 작용이 있어 지성 피부에 바르면 치료 효과가 있고 기관지염, 만성 감기, 천식에도 효과적이다(www.naver.com 백과사전 참고).

28) 마음대로 넣었다 뺐다 할 수 있는 방식이다.

84 3월 25일

루스리프loose-leaf[28] 차는
찢어지거나 부풀린 차보다
대체로 품질이 더 낫다.

85 3월 26일

오이 샌드위치는
차 파티의 놀라운 주요 요소이다.
완벽한 레시피의 한 가지를 보면 다음과 같다.

껍질 벗긴 오이 두 개를 가늘게 베어,
약간의 소금과 식초 두 스푼과 함께 버무린다.
한 시간 동안 기다리며 잘 말린다.
무염 버터와 약간의 크림치즈를
식빵에 펼쳐 바른다.
오이를 얇게 쌓는다.

86 3월 27일

사랑과 스캔들은
차에 대한 최고의 감미료이다.

– 헨리 필딩Henry Fielding

87 3월 28일

뜨거운 물을 부으면 찻잎이 펴지는데,
이를 '잎들의 고통'이라고 한다.

88 3월 29일

친밀감을 나누고 우정을 쌓는 데
차 한 잔보다 더 좋은 방법이 있을까?

– J. 그레이슨 러트렐J. Grayson Luttrell

89 3월 30일

차를 마시면
시끄러운 세상을 잊을 수 있다.

– 티엔 이헝T' ien Yiheng

90 3월 31일

차는 영혼을 안정시키고
마음의 조화를 이루며
나른함을 쫓고 피로감을 줄이며
생각을 일깨우고 졸음을 없애며
몸을 가뿐하고 상쾌하게 해 주며
지각 능력을 일깨워 준다.

– 공자孔子

4월

April

91 4월 1일

17세기에 모스크바 주재 중국대사 일행이
알렉시스Alexis 황제에게
선물로 차를 바치면서부터
차가 러시아에 알려졌다.

92 4월 2일

수천 명의 여자들이 장엄한 오후 시간에
폭포처럼 떨어지는
간절하고 사소한 목소리를 재잘거리며,
우아한 자기와 은빛 가구 뒤에 앉아 있었다.

– 사키Saki, 〈차Tea〉에서

93 4월 3일

모조 드본셔 크림

집에서 해먹는 드본셔Devonshire 크림은 만들기 쉽다.

그릇과 거품기를 식히고,

파인트 휘핑크림과 사워크림 1큰 스푼,

과자점의 설탕 3큰 스푼을 함께 섞어 거품을 낸다.

....

냉장고에 넣어 두고 스콘scones[29]과 함께 즐긴다.

– 에밀리 반즈Emilie Barnes,
『우정에 관한 12가지 차
The Twelve Teas of Friendship』에서

29) 밀가루에 버터와 우유를 섞어서 구운 작고 둥근 빵이다. 영국인들은 티타임에 스콘에 잼이나 휘핑크림을 발라 먹는다.

94 4월 4일

홍차는 '발효'나 산화된 잎으로 만들고
습기를 대부분 제거하려고 '불을 붙이거나' 가열한다.
그 열이 잎들을 까맣게 만든다.

95 4월 5일

소화기관이 우리의 지성을 지배하는 것은 참 이상하다. 장이 움직이지 않으면 우리는 일할 수 없고 생각할 수도 없다. 장은 우리의 감정과 열정에 영향을 미친다. 계란과 베이컨을 먹으면 장은 "일 해야지!" 하고 명령한다. 비프스테이크를 먹고 포터porter[30]를 마시면 장은 "자야지!" 하고 명령한다. 차 한 잔(각 컵에 두 숟가락 가득, 3분 이상 식히지 않은 것)을 마시면 장은 "자, 일어나 당신의 강인함을 보여 줘야지" 하고 뇌에게 명령한다.

– 제롬 케이 제롬Jerome K. Jerome,
〈보트 안에서의 세 사람Three Men in a Boat〉에서

30) 포터porter는 흑맥주의 일종이다.

96 4월 6일

차가 있는 곳에
희망도 있다.

– 아서 피네로 경Sir Arthur Pinero

97 4월 7일

다른 차에 비해 카페인이 많이 들어 있는
(하지만 커피보다 카페인이 적은) 홍차는
영양가 있는 차를 만들어 낸다.

98 4월 8일

공식성은 많이 떨어지지만 여전히 전통이 있어 몇몇 친구들에게 친숙한 차이다. 사교모임에서, 평소에 거실의 커피 테이블 주변에 모이는 대여섯 명에게 차를 대접한다. 음식은 약간 맛좋은 샌드위치나 쿠키를 준비해 나눠 준다. 차를 진정으로 사랑하는 사람이 손님들에게 더 독특한 브랜드의 차를 내놓기에 좋은 시점이다.

– 〈베티 크로커 여사의 요리책 Betty Crocker Hostess Cookbook〉, 1967

99 4월 9일

'차의 예술' 은
우리가 나눠야 할 정신적 힘이다.

– 알렉산드라 스토다드Alexandra Stoddard

100 4월 10일

버블 티bubble tea[31)]는
1980년대 대만에서 유래되었다.
이 차는 홍차, 타피오카 진주, 농축 우유,
벌꿀을 조합해서 만들었다.
종종 아이스 티로 제공되는 버블 티는
현재 대단한 인기를 누리며
여러 가지 향을 더해 즐길 수 있다.

---

31) 버블 티bubble tea는 타피오카 밀크 티tapioca milk tea 또는 보바boba라는 애칭으로 불리며 1980년대 대만에서 개발되었다. 캐나다를 거쳐 미국 서부 지역을 통해 확산되었으며, 세계 여러 나라에서 다양한 이름으로 부른다. 중국에서는 진주젖차珍珠奶茶, 한국에서는 보바 티나 버블 티, 북아메리카에서는 버블 티나 블랙펄 아이스티black pearl ice tea, 대만과 일본에서는 QQ드링크로 부른다. 버블bubble이란 실제 타피오카가 아닌 특정한 버블티를 만드는 과정인 '거품 내기'를 가리킨다. 버블 티는 중국(홍콩, 마카오 포함), 브루나이, 말레이시아, 일본, 필리핀, 싱가포르, 한국, 태국, 인도네시아, 베트남 같은 동남아시아 지역에서 특히 유명하며 최근 들어 미국, 캐나다, 오스트레일리아, 뉴질랜드에서 인기를 끌고 있다(ko.wikipedia.org/wiki/ 참고).

101 4월 11일

할아버지는 차의 관목을 심고 기르며
아버지는 차를 수확하고
아들은 차를 마신다.

– 중국 속담

102 4월 12일

식사시간에 마치 차를 가짜로 마시는 것 같았다. 아이들은 널빤지 주위에 앉아 식탐을 보이며 게걸스럽게 먹었다. 웬디가 말했듯이, 아이들의 재잘거림과 말다툼, 잡음들 때문에 정말로 귀청이 터질 것 같았다.

– J. M. 배리J. M. Barrie, 〈피터 팬Peter Pan〉에서

103 4월 13일

얼 그레이 차earl grey tea[32]는
19세기에 중국에 파견된
영국 외교관의 이름을 따 이름을 지었는데,
그는 이 차 블렌드를 즐겼다.

---

32) 얼 그레이 차Earl Grey tea는 주로 기문, 랍상 수숑, 실론 같은 홍차 잎에 베르가모트 오렌지의 껍질에서 추출한 기름을 첨가하여 특이한 향을 낸 가향차加香茶의 일종이다. 이 차의 이름은 베르가모트 기름 향이 첨가된 차를 선물받은 것으로 유명한 영국의 찰스 그레이 백작의 이름을 따서 지은 것으로 알려져 있다(ko.wikipedia.org/wiki/ 참고).

104 4월 14일

내 경험에 의하면,
차가 브랜디보다 낫다는 확신을 가졌다.
아프리카에서 보낸 여섯 달 동안
브랜디를 마시지 않고
심지어 아플 때마저도 차를 마셨다.

– 시어도어 루스벨트Theodore Roosevelt

105 4월 15일

내 이웃들 모두가 이방인이고,
당신이 천리 밖에 멀리 있어도,
내 책상에는 늘 두 개의 잔이 있네.

– 당나라

106 4월 16일

나를 만족시키기 전에는
당신은 차 한 잔 충분히 마시거나
오래도록 책을 읽을 수 없네.

– C. S. 루이스C. S. Lewis

107 4월 17일

녹차는 발효되지 않는다.
대신 가열하기 전에
찻잎을 큰 통에서 찐다.

108 4월 18일

차에 목마른
지친 사람들이여 오라.
주전자가 끓고 부글거리며
음악 소리를 내고 있네.

– 래빈드라나스 타고르Rabindranath Tagore

109 4월 19일

녹차는 향이 섬세하고, 색이 연하며,
카페인이 낮고, 진정시킨다.
녹차는 대개 설탕, 크림,
또는 레몬 없이 마신다.

110 4월 20일

손님이 찾아와 오후의 차를 대접해야 할 때,
얇은 빵과 버터, 고급 패스트리pastries,[33]
케이크 같은
신선한 것을 내어놓아야 한다.

– 비톤 부인Mrs. Beeton,
〈가사에 관한 책The Book of Household Management〉에서

---

33) 패스트리는 밀가루 반죽 사이에 유지를 넣고 결을 내어 구운 빵이다.
34) 국화과菊花科 Asteraceae 안테미스속Anthemis의 식물로 이루어진 카마이멜룸속Chamaemelum에 속하는 식물을 의미하며 camomile이라고도 쓴다. 안테미스속은 유라시아가 원산지인 100종種 이상의 풀로 이루어져 있다. 안테미스 코툴라A. cotula는 향기가 짙어 약품이나 살충제를 만드는 데 쓰인다. 카밀레차茶는 강장제와 방부제 및 약제로 쓰이고 있다(enc.daum.net/dic100 참고).

111 4월 21일

우롱차는 비교적 새로운 과정으로 생산된다.
우롱차는 부분 발효되고, 녹차보다 맛이 강하며,
홍차보다 부드러운 맛을 낸다.

112 4월 22일

허브 차는 실제로는 차가 아니지만
잎이나 뿌리, 씨, 페퍼민트나 재스민,
혹은 카밀레chamomile[34] 같은
식물의 열매로 만든 브랜딩이다.

113 4월 23일

찻주전자가 당신 뒤에 있으니
당신이 직접 차 한 잔을 타 주며,
저에게 수백 가지 일들을 말해 줘요.

– 사키Saki

114 4월 24일

자리에서 내려가며 로즈가 어떤 일이 일어날지 의아해 하며 그를 보는 동안, 그는 재빨리 솜씨 있게 그것을 풀기 시작했다. 이윽고 포장지를 풀자, 두 손을 꼭 모으게 할 만큼 그녀를 기쁘게 한 찻주전자가 나왔다. 크림이나 설탕 없이 마시는 중국 스타일이었지만 뚜껑이 있는 잔 두 개와 아름다운 주홍색 받침이 세트로 되어 있었다.

– 루이자 엠 알콧Louisa M. Alcott,
〈여덟 명의 사촌들Eight Cousins〉에서

115 4월 25일

허브 차는 보통 카페인이 없다.
어떤 사람들은
다양한 약효를 기대하며
이 차를 마신다.

116 4월 26일

훌륭한 찻주전자를 만들 때,
잔에 필요한 만큼의 차를 스푼 가득 채운다.
그런 다음 데워지고 있는 찻주전자에 차를 넣는다.
주전자의 물이 끓을 때까지 뚜껑을 덮고 끓인다.
준비된 차병에 방금 끓인 물을 붓는다.

117 4월 27일

차는
호의를 베풀게 한다.

118 4월 28일

마지막에 늘 그렇듯이
드디어 비밀이 드러나고,
친한 친구 사이에 이야기가 맛있게 익어간다.
혀를 적시는 넘치는 찻잔과 푸짐한 식사.
친구여,
아직도 물은 깊게 흐르는데
불이 없어 담배를 피우지 못하네.

– W. H. 오든W. H. Auden

119 4월 29일

티백으로 차를 끓일 때
필요한 잔의 숫자보다
하나 적은 티백을 사용하세요.

120 4월 30일

햇빛에 너무 오래 노출되셨나요?
티백 여러 개를 흐르는 물에 띄워 목욕하세요.
우롱차나 녹차, 또는 재스민 차를 넣고
부드러운 당신의 피부를
향기로운 물에 담그세요.

5월

May

121 5월 1일

축하해 주러 온 우리가 모여
우리의 찻잔에 차를 채우고
나는 당신의 우정이
나에게 얼마나 중요한지 말할게요.

– 앨다 엘리스Alda Ellis,
〈차에게 경의를Hats Off to Tea〉에서

122 5월 2일

일본의 다도茶道는
'차를 위한 뜨거운 물' 이라는 뜻을 지닌
챠노유cha no yu, ちゃのゆ, 茶の湯[35]라고 한다.

123 5월 3일

차 거르개나 차 달이는 주머니는
뭉개진 찻잎을 우러나게 하는 데 좋다.
그것들은 잎들이 팽창할
넉넉한 공간을 제공한다.

---

35) 다도茶道란 손님이 왔을 때 차를 끓이는 법이나 마시는 법 같은 전통적인 예의범절로, 챠노유茶の湯라고도 한다. 다도에서는 늘 마시는 센챠(煎茶, 달인 엽차)와는 달리 맛챠(抹茶, 분말 녹차)를 주로 사용한다.

124 5월 4일

아늑한 불은 밝게 번쩍거린다.
신명난 주전자는 계속 끓고,
즐거운 노래를 부르네.
나는 잔 받침과 잔을 노래하고,
찻주전자가 넘치면
차가 너무 진하지 않게 해달라고
성모 마리아님께 기도드리네.

– 베리 페인Barry Pain

125 5월 5일

차가 아주 비쌌던 옛날에는
주부가 지켜볼 수 있도록
거실에 자물쇠로 채워져 있었다.

126 5월 6일

차는 분명 커피와 마찬가지로
사회적으로 인기 있는 음료이며 더 가정적인데,
이 때문에 차 마시는 시간은
가족과 함께 보내는 시간과 같다고들 한다.

– 아더 그레이Arthur Gray

127 5월 7일

로이부스[36]는 실제로 콩과식물의 일종이다.

---

36) 본문 26의 각주 참조.

128 5월 8일

로이부스[37]는 항산화제와 항염증성이 많다는 특성 때문에 몸에 좋은 물질이 많이 함유된 것으로 간주된다.

129 5월 9일

보츠와나Botswana에서 유일한 여자 사립탐정인 음마 라모츠웨Mma Ramotswe가 끓인 찻주전자가 있었다. 머그 잔 세 개가 있었는데, 하나는 그녀 자신의 것, 하나는 그녀 비서의 것, 다른 하나는 의뢰인의 것이었다. 사실 탐정사무소에 정말로 필요한 것이 뭐가 더 있겠는가?

– 알렉산더 맥컬 스미스Alexander McCall Smith,
〈넘버원 레이디의 탐정사무소
The No. 1 Ladies' Detective Agency〉에서

130 5월 10일

차 가까이

항상 뜨거운 물이 있어

당신은 아주 느긋하게

미제레레 시편Miserere Psalm[38]을 읽을 수 있다.

– 케넬름 딕비 경Sir Kenelm Digby,

〈벽장이 열렸다The Closet Opened〉에서

---

37) 본문 26의 각주 참조.

38) 미제레레Miserere는 중세에 가장 유행한 시편송의 하나이며 성경의 시편 제51편에 곡을 붙인 것으로, 미제레레Miserere란 라틴어로 '불쌍하게' '가련하게'라는 뜻이다. 시편 제51편(라틴성경 50편) 전문의 첫 구절이 "Miserere mei Deus"라고 시작하기 때문에 이 곡을 미제레레라고 한다. 하느님의 사랑을 받던 다윗이 밧세바를 탐하고 그 남편이던 신하를 전장으로 내몰아 죽게 하였다. 그런 탐욕과 죄는 그의 영혼을 흐리게 하고 절망과 악의 구렁텅이에 빠져들게 한다. 그러나 다윗을 향한 하느님의 사랑은 그에게 다시 참회의 눈물을 흘리게 하였는데 그 참회하는 내용이 시편에 남아 있다(ko.wikipedia.org/wiki/ 참고).

131 5월 11일

차 애호가의 차

전통차 약간

레몬 수지 약간

신선한 바질[39] 세 배

....

말린 허브 한 스푼이나 싱싱한 허브 한 스푼을

모든 찻잔에 넣는다.

몇 분 간 우려낸다.

– 〈빅토리아지Victoria Magazine〉, 1995년 2월

---

39) 바질Basil의 잎과 줄기를 말려 요리의 향신료로 사용한다.

132 5월 12일

차 음료의 정신은
평화롭고, 평안하고, 우아한
어떤 것이다.

– 아더 그레이Arthur Gray

133 5월 13일

차는
희망을 갖게 한다.

134 5월 14일

이탈리아에 사는 분이라면,
만사니요Manzanillo[40]와 미션Mission[41]의
올리브 나뭇잎으로 만든
올리브 차 한 잔을 마실 수도 있다.

---

40) 만사니요Manzanillo는 멕시코 중서부 지역에 있는 콜리마주 서부의 항구 도시이다.
41) 미션Mission은 미국 텍사스주 남부 지역에 있는 히댈고Hidalgo 카운티의 도시이다.

135 5월 15일

나는 티타임 이전에
우주만물이 사라질까 봐 늘 걱정이다.

– 시드니 스미스 목사Reverend Sydney Smith

136 5월 16일

올리브 잎 차는 카페인이 없고
혈압과 콜레스테롤을 낮추는
성분이 있다고 알려져 있다.
이 차는
뜨겁거나 차갑게 해서 내놓는다.

137 5월 17일

다음에 있을 특별한 차 모임에서,
차를 유리 찻주전자에 담아 내놓으세요.
시각적으로 아주 멋지게 보이도록
라벤더나 계피 줄기,
또는 먹을 수 있는 꽃들을 넣으세요.

138 5월 18일

영국인에게 있어
차는 진정한 실내 피크닉이다.

– 앨리스 워커Alice Walker

139 5월 19일

나는 너무 아름다운 몇 분을 소개하고 싶다.
나와 함께 차를 마셨던 랭트리Langtry 부인과
론스데일Lonsdale 양과 여러 똑똑한 사람들.

– 오스카 와일드Oscar Wilde

140 5월 20일

빛과 습기로부터 차를 보호하면,
포장하지 않은 차도
약 2년 간 저장할 수 있다.

141 5월 21일

축 늘어진 차는
6개월 간 저장할 수 있다.

142 5월 22일

값이 비싸지만 약효가 강한
썩어가는 잎으로부터의 향기!
새로 말린 허브와 잎에 떨어진 비,
수영장을 채우고 도랑을 치워낸 비는
곧 차로 바뀔 것이다.
모든 자연의 속삭임을 조정할 수 있는
녹차, 홍차, 갈색 차, 그리고 노란차로.

– 헨리 데이비드 소로Henry David Thoreau

143 5월 23일

모든 연령대의 아이들은

잼으로 끓인 차를 좋아할 것이다.

찻숟가락 가득

가장 좋아하는 잼을 찻잔 바닥에 넣고,

준비한 뜨거운

잉글리시 블랙퍼스트English breakfast[42] 차를

잼 위에 붓고 휘저으세요.

더 달게 하려면 설탕을 약간 넣고

휘핑크림을 맨 위에 놓는다.

---

42) 잉글리시 블랙퍼스트English breakfast란 계란, 베이컨이나 햄, 토스트, 홍차나 커피가 나오는 아침식사이다.

144 5월 24일

오후의 차는 19세기에
베드퍼드Bedford가의
7대 공작부인 애너Anna가 개발했다.
그녀는 아침과 저녁시간의 중간을 채우려고
오후에 손님들을 초대해서
차와 과자를 대접했다.
이는 곧 북아메리카와 영국의 전통이 되었다.

145 5월 25일

차는
좋은 호흡을 유지하는 데 도움이 된다!

146 5월 26일

토마스 설리반Thomas Sullivan은
우연히 그의 차 샘플을
작은 비단 백에 넣는 것을 생각해 냈다.
그는 손님들이 백에 담긴 차를 제품으로 여기고
주문하기 시작하자 깜짝 놀랐다.
티백이 태어난 순간이었다.

147 5월 27일

차는
만족감을 준다.

148 5월 28일

주문은 절대 달라지지 않는다. 빵 두 조각과 버터, 그리고 중국 차. 전통을 고수하는 완고한 커플로 보이는데, 그 이유는 우리도 영국에서 그랬기 때문이다. 여기의 깨끗한 발코니에서, 늘 함께하던 강렬한 태양과 더불어 나는 맨덜리Manderley에서의 오후 4시 반과 도서관이 불타기 전에 있었던 책상을 생각한다. 시간을 맞춘 듯 문이 불쑥 열리면 차, 은쟁반, 주전자, 그리고 깨끗한 천이 놓이고 변하지 않는 의식이 시작된다.

– 대픈 뒤 모리어Daphne du Maurier,
〈레베카Rebecca〉에서

149 5월 29일

각각의 차 한 잔은
상상 속의 항해를 나타낸다.

– 캐서린 도우젤Catherine Douzel

150 5월 30일

큰 병에 차를 끓일 때,
물이 부글부글 끓자마자
버너에서 주전자의 물을 옮긴다.

151 5월 31일

너무 많이 끓이면
물에서 산소가 사라져
차 맛을 밋밋하게 하는 원인이 된다.

6월

June

152 6월 1일

차의 음악은
나를 달래 주는 멜로디다.

– 모건 크리스찬슨Morgan Christiansen

153 6월 2일

허브 차에는 찻잎이 들어 있지 않지만
허브와 꽃으로 차 맛을 대신 끌어낸다.
그것들은 침제浸劑[43]나 티잔[44]으로 불린다.

154 6월 3일

티잔[45]은 신선한 꽃이나 마른 꽃,

잎, 씨, 뿌리로 만들어진다.

끓는 물에 식물의 일부를 넣고 몇 분 간 우려낸다.

155 6월 4일

차나무의 학명은

카멜리아 시넨시스camellia sinensis이다.

짙게 빛나는 초록의 잎이 달린 열대 상록수이다.

---

43) 침제沈齊 infusions란 우려내는 식물을 뜻한다.
44) 본문 54의 각주 참조.
45) 본문 54의 각주 참조.

156 6월 5일

옆 테이블의 특권은
축배를 받는 사람 옆에 앉는다는 작은 우선권과
다른 사람들은 한 잔밖에 못 마시는 차를
두 잔이나 마실 수 있다는 점이다.

– 찰스 디킨스Charles Dickens

157 6월 6일

정통 영국 차는 3시에서 6시 사이에 마신다.
오후 늦게 마실 때는 제공되는 음식이 상당하다.

158 6월 7일

남작 부인은 차 마시러 가는 일에 흥미를 느껴
마치 정찬에 어울릴 법한 옷을 입었다.
놀라운 차 테이블에 그림 같은 식사가 나왔다.
그들은 또한 거기에서 벗어나 앉아
큰 피자를 먹으며 담소를 나누거나
별빛 반짝이는 정원을 느릿느릿 걸었다.

– 헨리 제임스Henry James,
〈유럽인들The Europeans〉에서

159 6월 8일

남반구에서 가장 인기 있는 음료는
달콤한 차이다.
차를 끓이기 전에,
끓이는 도중에,
끓인 다음에 설탕을 넣고,
차가 식기 전에도 설탕을 넣는다.

---

46) 특히 대만의 토착인Formosan을 가리킨다.

160 6월 9일

가사에 관한 영국인의 천재성에 있어서
오후에 마시는 차의 축제보다
더 주목할 만한 것은 어디에도 없다.
그… 잔과 받침의 쨍그랑거리는 소리는
마음에 휴식을 준다.

– 조지 기싱George Gissing

161 6월 10일

여러 나라의 많은 사람들이 차를 즐기지만
대부분의 품질 좋은 차는
인도, 일본, 중국, 스리랑카, 대만Formosa[46]산이다.
여타의 최상품 생산지에 케냐와 터키도 포함된다.

162 6월 11일

1773년,
영국에서 차에 매기는 세금에 항의하기 위해,
보스턴, 하트포드,
그리고 그 밖에 뉴잉글랜드 지역에 사는 미국 여성들은
수입차 대신
국산 잡초를 끓인 차를 마시기로 맹세했다.
그들이 만든 차는 '자유의 차liberty tea' 로 불렸다.

– 빅토리아 잭Victoria Zak,
〈차의 20,000가지 비밀20,000 Secrets of Tea〉에서

163 6월 12일

사람들의 다이어트에서
카테킨[47]의 주 원료는 다양한 차에서 나온다.
카테킨은 암의 위험을 줄이고
콜레스테롤을 낮추고 박테리아를 죽인다.

164 6월 13일

차를 오래 끓일수록
타닌 성분이 차에 더 많이 용해된다.
타닌은
차에 농도와 자극을 주는 혼합물이다.

---

47) 카테킨catechin은 폴리페놀의 일종으로 녹차의 떫은맛 성분이다.

165 6월 14일

1800년대 후반
녹차는 자주 선택된 차였다.
하지만 제2차 세계대전 중에
녹차의 공급이 끊겼다.
미국인들은 영국 지배하에 있던
인도의 수입차인 홍차에 의존했다.
전쟁이 끝난 다음에도
차를 좋아한 많은 사람들은 홍차를 마셨다.

166 6월 15일

녹차에는 우리 몸이 암, 두통, 류머티스 관절염,
높은 콜레스테롤 수치, 심혈관 질환, 감염,
면역 기능 장애와 싸우도록 하는 데 도움이 되는
성분이 들어 있다.

167 6월 16일

백차에는
강한 항균성과 항바이러스 성분이 있다.

168 6월 17일

뜨거운 과일 차

뜨거운 물 5컵, 티백 5개나 5티스푼의 차

정향丁香[48] 통째로 10개, 계피가루 $\frac{1}{4}$ 티스푼

설탕 $\frac{1}{2}$ 컵, 레몬주스 $\frac{1}{4}$ 컵, 오렌지주스 $\frac{1}{3}$ 컵

깎지 않은 오렌지 3조각, 반으로 자른 것

....

차와 정향, 계피가루에 뜨거운 물을 붓는다.

덮고 5분 동안 우려낸다.

차를 걸러내고 설탕과 과일주스를 섞는다.

팔팔 끓지 않을 정도로 데운다.

잔마다 오렌지 한 조각과 따뜻한 차를 따른다.

6잔.

– 〈베티 크로커의 주부 요리책 Betty Crocker's Hostess Cookbook〉, 1967

169 6월 18일

베르가모트Bergamot는

이탈리아 남부에서 자라는 감귤류이다.

이는 마멀레이드[49]와 리큐어[50]를 만드는 데 쓰이고,

기름은 얼 그레이 차[51]에 활용된다.

향기로운 기름은 과일 껍질에서 추출한다.

---

48) 정향丁香 clove이란 정향의 꽃봉오리를 말려서 건조시킨 향신료이다. 맛이 달면서도 맵기 때문에 식욕 증진에 효과가 있다고 알려져 있다.
49) 마멀레이드Marmalade는 감귤류의 껍질로 만든 잼이다.
50) 리큐어Liqueur는 식물성 향료와 단맛을 가한 강한 알코올 음료로 주로 식후에 작은 잔으로 마신다.
51) 본문 103의 각주 참조.

170 6월 19일

차가 처음 영국에 들어왔을 때,
광동인의 속어인 *차cha*로 불렸다.
나중에 영국인들은 각 지역의 방언인
*테t'e*나 *타이Tay*, 또는 *티Tee*로 부르기 시작했다.

171 6월 20일

보스턴 차 사건은
미국 독립전쟁의 발발을 재촉했다.

172 6월 21일

차는
사랑을 불러일으킨다.

173 6월 22일

얼음 위에 가장 좋아하는 차를 넣어 즐길 때,
마지막 한 모금까지 감칠맛이 남도록 하려면
두 배로 끓인다.

174 6월 23일

어빙 시저Irving Caesar[52]가 작사한 노래
〈두 사람을 위한 차Tea for Two〉[53]는
1924년 4월에 디트로이트에서 열린 뮤지컬 코미디
〈노 노 나네트No No Nanette〉에서 처음 발표되었다.
이 노래는 세계에서 가장 친숙한 멜로디의 하나이다.

---

52) 어빙 시저Irving Caesar는 1895년 7월 10일 미국 뉴욕에서 태어나 1996년 12월 18일에 사망한 미국의 저명한 작사가이다. 그의 대표작으로는 "Swanee," "Sometimes I' m Happy," "Crazy Rhythm," "Tea for Two" 등이 있다.

53) 어빙 시저Irving Caesar가 작사하고 토니 베넷Tony Bennett이 노래한 〈Tea For Two〉의 가사는 다음과 같다. 차 한 잔 마시며 음미해 보시기를 바란다(en.wikipedia.org/wiki/Irving_Caesar 참고).

"I' m discontented with homes that are rented so I have invented my own.
Darling this place is a lover' s oasis where life' s weary chase is unknown.
Far from the cry of the city, where flowers pretty caress the streams,
Cozy to hide in, to love side-by-side in. Don' t let it abide in my dreams.

Picture you upon my knee, just tea for two and two for tea,
Just me for you and you for me, alone!
Nobody near us, to see us or hear us,
No friends or relations on weekend vacations,
We won' t have it known, dear, that we have a telephone, dear.
Day will break and you' ll awake and start to bake
A sugar cake for me to take for all the boys to see.
We will raise a family, a boy for you, a girl for me,
Oh, can' t you see how happy life would be?

You are revealing a plan so appealing I can' t help but falling for you,
Darling, I planned it; can' t you understand it is yours to command it, so do.
All of your schemes I' m admiring, they' re worth desiring but can' t you see,
I' d like to wait there for some future date dear;
it won' t be too late, dear, for me.

Picture you upon my knee, just tea for two and two for tea,
Just me for you and you for me, alone!
Nobody near us, to see us or hear us,
No friends or relations on weekend vacations,
We won' t have it known, dear, that we have a telephone, dear.
Day will break and you' ll awake and start to bake
A sugar cake for me to take for all the boys to see.
We will raise a family, a boy for you, a girl for me,
Oh, can' t you see how happy life would be?"

175 6월 24일

차 전문용어인 캐디caddy[54]는
중국의 파운드에 해당되는 단어인 '캐티catty' 나
말레이에서 1킬로그램의
약 3/5 정도에 해당되는 단어인 '카티kati' 에서
유래한 것으로 알려지고 있다.

---

54) 차를 보관하는 그릇이나 통을 의미한다.
55) 본문 175의 각주 참조.

176 6월 25일

많은 사람들이
약 1파운드의 차를 꾸준히 마시는 동안,
차가 주산물이 되어감에 따라
점점 호화로움이 줄고
차를 넣는 통의 크기도 점점 커졌다.

177 6월 26일

중국에서 유럽에 도입된 초기의 캐디[55)]는
자기磁器로 만들어졌다.
하지만 얼마 지나지 않아
디자인과 소재가 크게 바뀌었다.

178 6월 27일

오렌지 피코[56] 차는
오렌지와 전혀 무관하다.
네덜란드의 오렌지 하우스에서 따온 이름이며
홍차의 등급을 매기는 데 쓰는
등급체계 용어와 관련된다.

179 6월 28일

진정으로 차를 사랑하는 사람들은
진한 차를 좋아함은 물론
해를 거듭할수록
조금씩 진해지는 차도 좋아한다.

– 조지 오웰Geroge Orwell,
〈좋은 차 한 잔A Nice Cup of Tea〉에서

180 6월 29일

오렌지 피코[57] 등급의 홍차는
강한 꽃향기와 과일향이 있어 향기롭다.
약간 쓰지만 뒷맛이 달콤하다.

181 6월 30일

우롱차는
소화와 신진대사를 촉진하는 데
도움이 되는 것으로 알려져 있다.

---

56) 오렌지 피코Orange Pekoe는 가장 대중적인 홍차이며, 이 명칭은 홍차의 등급OP을 매기는 데 쓰인다.
57) 본문 178의 각주 참조.

7월

July

182 7월 1일

만약 '우롱차'를 마시다
혀가 걸려 숟가락을 넣을 공간이 없다면,
만약 무릎을 오므리고 쿠키를 다 먹어 버렸다면,
만약 고상한 대화가 할말을 잃게 만든다면,
당신에겐 활력 있는 여성용 차의 도움이 필요하다.

– 〈피탁 맨션의 오후의 차
Afternoon Tea at Pittock Mansion〉에서

183 7월 2일

홍차에는 암의 위험과
심장병에 도움이 되는 것으로 알려진
강한 항산화제가 들어 있다.

184 7월 3일

차를 큰 주전자에 끓일 때,
차 거르개에 차를 넣고
차를 잔에 따르기 전에
차를 부드럽게 젓는다.

185 7월 4일

차 이름 짓기는 어려운 문제죠,
그건 일상의 즐거운 게임이 아니잖아요.
누군가는 당신을 아주 미쳤다고 생각할지 몰라요.
당신은 그들에게 몇 가지 차 이름을 말해야죠.
이 세상에서 각각의 차를 처음 마시는 사람들은
홍차나 녹차 또는 우롱차의 집단에 들어가야 해요.
그런 다음, 차의 가계도를 유심히 살펴보고
중국산과 인도산 몇 가지를 추가해야죠.[58)]

– T. S. 엘리엇T. S. Eliot,
〈고양이 이름 짓기The Naming of Cats〉에서

---

58) 이 내용은 T. S. 엘리엇이 1939년에 발표한 시 〈고양이 이름 짓기The Naming of Cats〉의 일부를 패러디한 것이다.

186 7월 5일

봄철에는 특히 녹차를 즐긴다.
이 밝고 부드러운 차는
클로버에 맺힌 이슬을 생각나게 하는 향이 있다.
가볍게 기분을 돋우는 맛이 있어,
봄기운 도는 햇빛 같다.
녹차에
재스민, 오렌지나 장미꽃이 함께 채워지면,
봄의 모든 향기가 잔에 녹아 있는 것 같다.

– 수잔 휠러와 폴 코르테피터
Susan Wheeler and Paul Kortepeter,
〈빅토리아 장미를 곁들인 차Tea with Victoria Rose〉에서

187 7월 6일

티베트인의 생활에서 일상적인 일은 홍차 잎, 야크[59] 버터, 소금으로 만든 버터 차butter tea를 마시는 것이다.

188 7월 7일

인도와 아프리카의 브랜딩 차 같은 영양가 있는 차는 아침에 마시는 차로 제격이다.

189 7월 8일

아침에 마시면 좋은 차에는
얼 그레이,[60] 테일러스 브리티시 블랙퍼스트,[61]
실론,[62] 아삼,[63] 아이리시 블랙퍼스트,[64]
스코틀랜드 블랙퍼스트,
그리고 남아프리카의 콰줄루Kwazulu[65]가 포함된다.

---

59) 야크Yak는 티베트 고원지대에 사는 털이 긴 소이다.
60) 본문 103의 각주 참조.
61) 잉글리시 블랙퍼스트English Breakfast는 실론티와 인도차를 브랜딩한 것이다. 맛과 향이 진하고 카페인이 많아 가는 찻잎을 써서 빨리 우러나오는 모닝 티용으로 활용되며 주로 밀크 티로 마신다.
62) 실론Ceylon은 최대 규모의 차 산지인 실론 섬에서 재배된다. 이 차는 우려낸 차 빛깔이 오렌지색에서 황금색에 가까워 홍차의 황금으로 불리며, 강한 향에 개운한 맛과 감칠맛이 있어 공복에 마셔도 좋다.
63) 아삼Assam은 히말라야 남부에서 아삼 고원에 이르는 세계 최대의 차 산지에서 재배되며, 몬순의 영향을 받은 유리한 기후 조건 때문에 고급 아삼 홍차에는 황색아의 함량이 많고 형태가 일정하다.
64) 아이리시 블랙퍼스트Irish Breakfast는 우유와 설탕을 듬뿍 넣어서 마시는 매우 강렬한 차이다.
65) 남아프리카공화국 나탈 주 내에 줄루족의 나라로 지정된 비독립 지역이다. 1980년대 초 이 종족이 소유하고 있던 3만 151km^{2}의 면적은 나탈 주 전역에 10개 고립구역으로 분산되어 있었고 나탈 주 총면적의 1/3 이상을 차지했다. 콰줄루는 남아프리카공화국 내 모든 줄루족의 합법적인 고향으로 간주되고 있다(enc.daum.net/dic100/ 참고).

190 7월 9일

오후에 차 마시는 즐거움을 위해
중국차에 관심을 가져 보세요.
다르질링[66] 홍차가 좋아요.

191 7월 10일

저녁에는 맛이 가벼운 차를 드세요.
카페인이 적은 녹차는 좋은 선택이죠.
아니면 카페인 없는 차를 드시거나
카밀레chamomile[67] 같은 허브 티잔[68]을 드세요.

---

66) 본문 52의 각주 참조.
67) 본문 112의 각주 참조.
68) 본문 54의 각주 참조.

192 7월 11일

큰 찻주전자를 끓일 때,
끓는 물을 차병에 넣고,
작은 찻잎은 큰 찻잎보다
짧은 시간 동안 끓여야 한다는 것을 기억하세요.

193 7월 12일

크림 차는
잼과 고체 크림을 바른 빵과 함께 나오는데
보통 딸기잼을 바른다.

194 7월 13일

크림 차에 맞는 빵의 선택은
지리적 위치에 따라 달라진다.
스콘Scone[69]에서 단 빵까지
여러 가지가 될 수 있다.

---

69) 스콘scone은 속을 넣지 않고 구운 영국의 전통 밀가루 빵으로 티타임에 홍차와 함께 내놓는다.
70) 본문 84의 각주 참조.

195 7월 14일

우정이 위에서 아래로 내려오도록
이 차를 사랑으로 끓여 주소서.

– 샌디 리냄 클로우Sandy Lynam Clough,
〈차와 우정의 예술The Art of Tea and Friendship〉에서

196 7월 15일

루스리프loose-leaf[70] 차를 만들기 위해
4잔 기준에 찻잎 2티스푼을 채워 넣는다.
3~5분 간 끓인 다음 찻잎을 걸러낸 뒤 마신다.

197 7월 16일

아르헨티나에 사시는 분이라면
약간의 바닐라와 우유를 곁들인 진한 차,
예르바 마떼Yerba Mate[71]를 마실 수 있다.

198 7월 17일

가득 찬 차병은
소리를 내지 않는다.

– 중국 속담

71) 예르바 마떼Yerba Mate는 아르헨티나를 대표하는 식물로 연강수량 1,500mm 이상의 아열대 지역에서 자라는 다년생 나무의 잎과 줄기를 말린 차이다. 마떼 나무는 야생에서 완전 성장하는 데 약 25년이 걸리며, 최고 15m까지 자란다. 예르바 마떼는 144종류의 활성화합물과 196종류의 활성화합물을 함유하고 있으며, 중추신경 자극제, 이뇨제, 항류머티즘 약의 조제에 널리 사용된다(en.wikipedia.org 참고).

199 7월 18일

차는
소생하게 한다.

200 7월 19일

이집트에 사시는 분이라면,
깔까데Karkade[72] 차를 마실 수 있다.
이 정통 이집트 차는 하이비스커스[73] 꽃을 끓인 물에
많은 설탕을 넣어 내놓는다.

---

72) 깔까데Karkade는 수단의 음료수이다.
73) 하이비스커스Hibiscus는 아욱과 히비스커스 속의 열대성 상록 관목을 통틀어 이르는 말이다.

201 7월 20일

중동 지역에 사시는 분이라면,
모로코의 차를 즐길 수 있다.
이 차는 스피어민트[74] 잎으로 단맛을 낸다.

202 7월 21일

위대한 시가 있고
차 한 상자에 섬세한 감수성이 있네.

– 랄프 왈도 에머슨Ralph Waldo Emerson

---

74) 스피어민트Spearmint는 유럽에서 나는 박하 향신료이다.
75) 엘리자베스 먼로Elizabeth Monroe는 미국의 제5대 대통령(1817~1825)을 역임한 제임스 먼로James Monroe의 부인이다.
76) 시루즈베리Shrewsbury는 잉글랜드 북서부에 위치한 시롭셔Shropshire 주의 주도이다.

203 7월 22일

엘리자베스 먼로[75]의 시루즈베리[76] 케이크

버터 $\frac{1}{4}$파운드

흑설탕 1파운드

잘 휘저은 계란 1개

밀가루 12온스

....

마른 재료를 전부 섞는다.

잘 휘저은 계란을 넣는다.

둥글게 해서 양과자 틀로 자르고

케이크를 300℃ 오븐에서 20~25분 간 굽는다.

참고: 이것은 영국에서 식민지에 들여온 400년 된 레시피다.

– 1996년 11월부터, 〈영부인의 차파티 메뉴와 레시피 책자
First Ladies Tea Party Menu and Recipe Booklet〉,
포시즌 호텔, 뉴욕

204 7월 23일

레바논에 사시는 분이라면,
오렌지 꽃과 설탕으로 만든 차 같은 음료인
화이트 커피white coffee를
작은 찻잔에 즐기실 수 있다.

205 7월 24일

녹차를 가장 잘 마시고 싶다면,
165도 가량 끓는 물을 쓴다.

206 7월 25일

우롱차를 마실 때,
오늘날까지 내려오는 중국의 관습은
작은 찻잔과
작은 찻주전자를 쓰는 것이다.

207 7월 26일

우롱차는 약 400여 년 전 명나라 말기에
푸젠성福建省[77]의 우이산武夷山[78]에서
처음 생산되었다.

---

77) 푸젠성(Fújiàn Shěng, 복건성, 福建省)은 중국 남동부의 성이다. 북쪽으로 저장성浙江省, 서쪽으로 장시성江西省, 남쪽으로 광둥성廣東省과 접하고 있다. 타이완 해협臺灣海峽을 사이에 두고 타이완臺灣과 마주보고 있다. 푸젠성 대부분은 중화인민공화국의 영토이지만, 일부 섬은 중화민국의 관할이다(enc.daum.net/dic100/ 참고).

78) 우이산(Wu Yi Shan, 무이산, 武夷山)은 중국 푸젠성에 있는 대왕산을 중심으로 한 산맥의 총칭으로 쓰촨성과 푸젠성에 걸쳐 있다. 명승지로 유명해 중국인이 평생 한 번은 찾고 싶다는 명소이기도 하다. 1999년 이후 유네스코의 세계복합유산에 등록되었다. 지리적으로 평균 350m 고도에 아열대 기후에 속하며 겨울에도 비교적 온난하다. 2,500종 이상의 식물과 야생 차나무가 자생하며 여기에서 나는 차로 만드는 우롱차를 암차라고 하며, 바위가 부서져 있는 토지에서 생산된 것이 최고급품으로 손꼽힌다(enc.daum.net/dic100/ 참고).

79) 도찰제astringent 塗擦劑는 피지皮脂나 땀의 분비를 저하시키고 피부를 탄력 있게 한다.

208 7월 27일

상쾌한 발 냄새를 원하세요?
차는 천연 도찰제塗擦劑[79]이며
타닌산은 박테리아를 없앤다.
놀라운 결과를 위해 홍차에 발을 담가 보세요.

209 7월 28일

현미 차는 차에 볶은 현미를 곁들인 일본의 음료이다.
흉작기에 차의 분량을 늘리려고 다른 것과 섞어 만들었다.
구울 때 쌀알의 일부가 '펑' 소리를 내
'팝콘 차' 라고도 했다.

210 7월 29일

싱가포르에 사시는 분이라면,
떼 따릭Teh Tarik[80]을 마실 수도 있다.
이것은 차와 연유로 만든 거품 많은 음료이다.
위에서 아래로 우유를 부을 때 거품이 만들어진다.
또한, 마시기 쉽게 차를 시원하게 만든다.

211 7월 30일

실론티ceylon tea는
스리랑카에서 자라는 홍차이며,
1972년 이전에는 실론으로 알려져 왔다.

212 7월 31일

하이 티high tea[81]라는 이름은

빅토리아여왕 시대에

가족들이 차와 함께 고기, 빵, 치즈,

그리고 다른 음식들을

저녁 식사로 먹을 때 명명되었다.

이것들은 높은 식탁에서 먹었다.

---

80) 떼 따릭Teh Tarik은 연유를 넣고 공기를 많이 넣어 만든 따뜻한 홍차이며 싱가포르와 말레이시아에서 인기가 있다. '떼teh'는 영어로 '차tea'이고 '따릭tarik'은 '당긴다pull'는 뜻으로, 만들 때 길게 당기고 미는 것을 뜻해 떼 따릭이라고 한다(en.wikipedia.org 참고).

81) 하이 티high tea는 늦은 오후나 이른 저녁에 먹는 가벼운 식사이다.

8월

August

213 8월 1일

몇 시간이 지나 소녀가 돌아왔을 때,
그녀는 구멍이 여러 개 뚫린 곳으로
벌집의 꿀이 흘러내리듯
버터 바른, 퍽 두껍게 잘린,
양쪽이 진갈색인, 토스트가 쌓여 있는 접시와
따뜻하고 향기로운 차 한 잔을 내왔다.

– 케네스 그레이엄Kenneth Grahame,
〈버드나무에 부는 바람Wind in the Willows〉에서

214 8월 2일

서기 300년경,
차는 중국에서 일상의 음료였다.

215 8월 3일

오후의 차인 로우 티low tea[82)]는
거실에서 차와 가벼운 간식을 먹을 때
소파와 의자 근처에 있는
낮은 테이블에서 만들어졌다.
실제로 로우 티는 더 공식적인 차이다.

82) 하이 티high tea가 영국 노동자들이 일을 마치고 집에 돌아와서 오후 6시 무렵에 고기나 샌드위치로 식사를 하면서 마시는 차라면, 로우 티low tea는 상류 계층에서 이른 오후low part of afternoon에 이야기를 나누며 가벼운 음식과 함께 마시는 차를 의미한다(en.wikipedia.org 참고).

216 8월 4일

다르질링 차[83]는 인도의 서 벵골지방의
다르질링Darjeeling 지역에서 처음 만들어졌고,
때때로 '차의 샴페인' 으로 불린다.

217 8월 5일

영국은 1650년에 차를 받아들였는데
차를,
"모든 의사들이 훌륭한 중국 음료로 인정했고
중국인들은 챠Tcha라고 하며
다른 나라에서는 타이Tay나 티Tee로 부른다"고 소개했다.

– 카쿠조 오카쿠라Kakuzo Okakura 岡倉覺三

218 8월 6일

차를 이용해 얼굴에 바를
부드러운 도찰제塗擦劑[84]를 만들어 보세요.
원하는 티백 2개에 끓는 물을 붓고
차가워질 때까지 우려내세요.
티백을 버리고 차가워진 차에
풍년화류[85] $\frac{1}{4}$ 컵을 넣으세요.
다른 통에 그 혼합물을 붓고
솜 패드에 묻혀 세안 후에 피부에 바르세요.

---

83) 본문 52의 각주 참조.
84) 본문 208의 각주 참조.
85) 풍년화류witch hazel 豊年花類는 풍년화속hamamelis에 속하는 약 6종種의 관목과 소 교목으로 북아메리카 동부와 아시아 동부가 원산지이다. 일부는 노란색 꽃을 보기 위해 심는데, 꽃은 4장의 폭이 좁고 꼬인 리본 모양의 꽃잎으로 되어 있으며 따뜻한 겨울 또는 이른봄에 작은 꽃이 무리지어 가지에 빽빽히 핀다. 포크처럼 갈라진 어린 가지가 때로는 지하수의 위치를 찾는 수맥탐사에 쓰였기 때문에 'witch hazel' 이라는 영어 이름이 붙여졌다. 말린 잎으로 향기로운 도찰제塗擦劑를 만들었다(enc.daum.net/dic100/ 참고).

219 8월 7일

그녀는 스완의 차를 쏟아 붓고, "레몬이나 크림?" 하고 물었다. 그는 웃으며 "크림 주세요. 구름이네!" 하고 대답했다. "있잖아요, 난 당신이 얼마나 좋아하는지 알고 있어요." 그 차는 정말 스완인 것 같으면서도 그녀인 듯했다. 지속된다는 약속 없이 존재할 수 없고, 지나가는 동시에 멈춰 버리는 기쁨 속에서 소중한 어떤 명분을 찾을 필요가 있는 사랑이었다.

– 마르셀 프로스트Marcel Proust,
〈스완의 길Swann' s Way〉에서

220 8월 8일

티 테이블은
오후의 차를 내놓는 데 쓰이는 작은 찻상이다.

221 8월 9일

당신이 런던에 있다면,
상 받은 차를 마시러 도체스터Dorchester[86)]로 가 보세요.
이 호텔은 영국 차 위원회가 선정한
'런던 최고 오후의 차 상Top London Afternoon Tea Award' 을
다른 런던 호텔보다 여러 번 받았다.

---

86) 1931년에 설립된 영국 런던의 하이드 공원Hyde Park 인근에 있는 호텔이다.

222 8월 10일

손님들은 그가 각기 다른 상자에서
조심스럽게 스푼 가득 차를 꺼내고 섞어
차를 만드는 것을 재미있게 지켜보았다.

– 제임스 힐튼James Hilton,
〈굿바이 미스터 칩스Good-Bye, Mr. Chips〉에서

223 8월 11일

찻주전자를 가장 잘 보호하려면
비누나 세제를 쓰지 않고
따뜻한 물로 손으로 씻어 준다.

224 8월 12일

캄프릭 차Cambric tea[87]는
약간의 차가 들어간 뜨거운 물과 우유인데,
어린 소녀들은 엄마가 캄프릭 차를 마시라고 하면
어른이 된 느낌을 가졌다.

225 8월 13일

차는 애호품이 되어,
머릿속에 떠오르는 망상을 억누르고
영혼의 궁전을 고요하게 만든다.

– 에드먼드 월러Edmund Waller, 〈차에 대하여Of Tea〉에서

---

87) 캄프릭 차Cambric tea는 미국 차의 일종으로 흔히 우유, 물, 설탕, 차를 섞어 만든 뜨거운 음료이다.

226 8월 14일

식민지 시대에 백랍 찻주전자는
은주전자를 살 수 없었던 사람들이 사용했다.
요즘에는 백랍 찻주전자를
진한 차를 끓이는 데 쓴다.

227 8월 15일

차 맛이 스민 밥을 지을 수 있다.
쌀이나 잡곡으로 밥을 지을 때,
물이나 국물의 반에 차를 넣어 본다.
다른 조합도 실험해 본다.

228 8월 16일

우려내는 비법:

백차를 마시려면
물이 끓기 바로 전까지 가열해
30초에서 2분 동안 우려낸다.

229 8월 17일

마음의 잠에서 깨어나
당신의 운명을 맛있는 차, 소량의 음식들,
그리고 깊은 대화의 즐거움에 맡기려 할 때는
어쨌든 서로에게 차를 권하며
친밀한 분위기를 만들어야 한다.

– 게일 그레코Gail Greco

230 8월 18일

차는
관용을 불러일으킨다.

231 8월 19일

우려내는 비법:

녹차를 마시려면
물이 끓기 바로 전까지 가열해서
1~3분 동안 우려낸다.

232 8월 20일

나는 엄격하고 거리낌없이
차를 마시는 사람이다.
20년 동안 매혹적인 차를 마시며
부드러운 식사를 해서
주전자가 식을 시간이 거의 없었다.
차를 마시며 오후를 즐기고,
자정에 차를 마시며 위로하고,
차를 마시며 아침을 맞이한다.

– 사무엘 존슨Samuel Johnson

233 8월 21일

우려내는 비법:

우롱차를 마시려면
물이 끓기 바로 전까지 가열해서
3~5분 간 우려낸다.

234 8월 22일

그 시간은…

오후 3시와 6시 사이가 될 수 있다.

차가 일찍 나올수록 가벼운 다과를 내놓는 것이

일반적인 규칙이다.

3시에 손가락 모양의 맛있는 샌드위치, 쁘티푸르,[88)]

신선한 딸기와 함께 내놓는 차는 보통 간식이지만,

6시에 소세지롤, 샐러드, 트라이플[89)]과 함께 내놓는

하이 티high tea[90)]는 식사가 될 수 있다.

– 안젤라 하인즈Angela Hynes,

〈오후의 차의 즐거움The Pleasures of Afternoon Tea〉

---

88) 프랑스어로 쁘티푸르petit fours는 식후에 커피와 함께 제공되는 작은 케이크이다.
89) 트라이플trifle은 포도주를 뿌린 스펀지케이크에 거품 크림을 바른 디저트이다.
90) 본문 212의 각주 참조.

235 8월 23일

우려내는 비법:

홍차를 마시려면
물이 끓기 바로 전까지 가열해서 3~5분 간 우려낸다.

236 8월 24일

크리스토퍼 로빈은 오후라서 그때까지 집에 있었는데, 차 마실 시간까지 거기에 머무른 그들을 만나 너무 기뻤고, 그들은 하마터면 잊어버릴 뻔했던 차를 겨우 마셨고, 오울과 함께 고급 차를 마시기로 한 약속에 늦기 전에 푸 모퉁이의 집으로 이요르를 만나러 갔다.

– 엘른 알렌산더 밀른A. A. Milne,
〈푸 모퉁이의 집The House at Pooh Corner〉에서

237 8월 25일

우려내는 비법:

허브차를 마시려면
물이 끓기 바로 전까지 가열해서
5분 간 우려낸다.

238 8월 26일

서부 개척시대의 미국에서
대부분의 차는
홍차가 아닌 녹차였다.

239 8월 27일

사과즙 차

홍찻잎 $2\frac{1}{2}$ 티스푼

물 $2\frac{1}{2}$컵, 설탕 $\frac{1}{4}$컵

오렌지 주스 2개(1컵 정도)

사과즙 5컵, 얇은 레몬 슬라이스 8개

....

전통적인 방법에 따라 찻잎과 끓는 물로 차를 만든다. 5분 간 끓인다. 설탕을 큰 그릇이나 주전자에 넣는다. 뜨거운 차를 그릇에 걸러내고 설탕이 녹을 때까지 휘젓는다. 오렌지 주스도 젓는다. 차를 내놓기 바로 전에 사과즙을 넣고 다시 데운다. 잔에 차를 따르고 레몬 슬라이스를 내놓는다. 뜨겁게 혹은 차갑게 해서 내놓는다.

– 에밀리 반즈Emilie Barnes,

〈열두 가지 차의 감동The Twelve Teas of Inspiration〉에서

240 8월 28일

우려내는 비법:

약간의 물을 차에 붓고 30초 간 우려내면

차의 카페인이 80퍼센트까지 빠져 나간다.

처음의 물을 버리고

다시 새 물로 채워 3분 간 우려낸다.

카페인의 대부분은

처음 30초 동안에 차에서 빠져 나간다.

241 8월 29일

고대 중국에서는 차를 화폐로 사용했다.
찻잎을 벽돌 모양으로 압축했다.
잔돈이 필요할 때
차 벽돌의 한쪽 면을 쪼개서 계산했다.

242 8월 30일

머리를 감은 다음,
약간의 레몬주스를 섞은 녹차 한 잔으로
머리를 린스하세요.
부드럽고 비단 같은 머릿결을 위해
린스를 하세요.

243 8월 31일

찰스 2세가 포르투갈 공주 캐서린과 결혼한 1662년,
그녀가 왕궁에 차를 처음 소개하자,
차는 급속도로 인기를 끌었다.
그녀의 지참금에는
봄베이Bombay[91]와 탕헤르Tangier,[92]
그리고 많은 차 통이 포함되었다.

---

91) 인도 마하라슈트라 주의 주도州都로 인도의 금융 및 상업 중심지이자 아라비아해 연안에 있는 인도 제1의 항구도시이다.
92) 아프리카 북서부 끝에 있는 모로코의 항구도시이다.

9월

September

244 9월 1일

차는 부은 눈을 풀어 주는 데 도움이 된다.
물을 끓여 홍차 티백 2개를 넣는다.
5분 간 우려내고 티백을 꺼낸 다음 차를 쥐어짠다.
티백을 냉장고에 10분 간 넣어 둔다.
조금 있다가 차가워진 티백을
눈에 10~15분 간 올려 놓는다.
눈 주위에 생기가 넘쳐흐를 것이다.
따뜻한 티백도 활용할 수 있다.

245 9월 2일

1773년 4월,
영국 의회는 동인도회사에 독점권을 주기 위해
미국의 차 무역에 관한 차 조례[93]를 통과시켰다.
이는 미국인들 사이에서 욕구불만에 불을 붙였고,
결국 보스턴 차 사건[94]이 일어나게 했다.

---

93) 차 조례茶 條例, the Tea Act는 1773년 영국의 노스 내각이 식민지 아메리카 시장에 영국 차를 팔 수 있게 한 입법 조치이다. 영국 정부는 동인도회사가 심각한 자금난을 겪게 되자 회사 창고에 보관된 1,700만 파운드의 차를 팔기 위해 차 조례의 시행규칙을 조정하여 동인도회사가 타운센드 관세를 내고도 다른 경쟁업자들보다 더 싼값에 차를 팔 수 있게 해 주었다. 선적된 차는 식민지인들에게 과세 독재의 상징이 되었고, 식민지의 저항은 바다에 차를 내다버린 보스턴 차 사건(1773. 12)과 뉴욕에서 발생한 유사한 사건(1774. 4)에서 극에 달했다(en.wikipedia.org 참고).

94) 보스턴 차 사건Boston Tea Party은 1773년 12월 16일 미국 독립전쟁 전에 보스턴 항구에서 어둠을 틈타 인디언으로 위장한 미국의 식민지 반군이 영국 동인도회사 소유의 차가 실려 있던 배를 파괴한 사건이다. 그 보복으로 영국 의회는 손상된 차를 배상할 때까지 보스턴 시의 해상무역을 봉쇄하는 보스턴 항구 폐쇄법Boston Port Bill을 포함한 일련의 징계조치를 통과시켰다(en.wikipedia.org 참고).

246 9월 3일

온종일 내내 오솔길을 따라 걷는데,
어떤 방에서 찻주전자의 삑삑 울리는 소리가 들렸다.
"이제, 너는 정말로 나와 함께 있어야 돼. 나는 너무 훌륭한 다르질링 차[95]와 크리스마스 때 내 친구가 준 맛있는 쁘티푸르[96]가 있거든."

– 마사 그라임즈Martha Grimes,
〈장난꾸러기 남자The Man with a Load of Mischief〉에서

95) 본문 52의 각주 참조.
96) 본문 234의 각주 참조.
97) 로즈힙rosehips은 장미 열매로 비타민 C를 다량 함유하고 있으며 비타민 B도 풍부하다.
98) 본문 247의 각주 참조.

247 9월 4일

로즈힙rosehips[97] 차는
비타민 C가 많고 항산화 작용을 하는 허브차이다.
꽃들이 시든 다음
장미넝쿨에 달린 빨간 열매로 만든다.

248 9월 5일

모두 장미열매를 써서
로즈힙 차[98]를 끓일 때는
10분 동안 적신다.

249 9월 6일

가장 좋은 녹차는
4월 말에서 5월 초에 첫 수확하는 차다.

250 9월 7일

잠시 후 차가 나왔다.
무척 우아한 다기,
퍽 오래된 접시,
아주 얇은 버터 바른 빵,
너무 작은 설탕 한 덩이.
제이미슨 부인이 가장 아끼고 좋아한 것은
분명 설탕이었다.

– 엘리자베스 개스킬Elizabeth Gaskill,
〈크랜포드Cranford〉에서

251 9월 8일

차파티를 연 안주인은 차를 내오며
모든 손님들이 잔을 가득 채웠는지 확인한다.
안주인은 또한 차를 따라 주면서
친구의 '체면 세워 주는 일'을 할 수 있다.

252 9월 9일

차를 따른 다음,
차파티를 연 안주인은
손님에게 우유, 레몬, 또는 설탕을 드려야 한다.

253 9월 10일

실론티에는 세 가지 범주가 있다.

고지대산,

중간지대산,

저지대산.

이런 분류는 차가 자라는 지리적 위치에 따른 것이다.

254 9월 11일

심지어 값비싼 차도 많이 팔린다.
1파운드당 100달러짜리 차도
한 잔에 50센트 하는
맛있는 찻잔에 제공된다.

255 9월 12일

인생을 벌컥벌컥 들이키지 말고
홀짝홀짝 즐겨라.

– 〈잎들의 성직자The Minister of Leaves〉에서

256 9월 13일

미국에서 대부분의 사람들이 즐겨 마시는 차이[99]는 마살라 차이masala chai[100]다.
마살라 차이에는 소두구小豆寇,[101] 생강, 계피, 정향, 또는 바닐라 같은 향신료가 한 가지 이상 들어간다.

99) 본문 66의 각주 참조.
100) 마살라는 인도 요리에 들어가는 모든 향신료spices를 총칭하는 인도어이다.
101) 카르다몸cardamom 小豆寇은 열대 산악지대에 널리 자생하는 관엽수로 열매를 향신료로 이용한다. 열매는 녹색의 타원형이며 오래되고 귀한 향신료 중의 하나로 사프란, 바닐라 다음으로 고가이다. 고가이므로 중동에서는 손님을 접대할 때 극진히 대접한다는 의미로 커피에 넣기도 한다. 원산지는 인도이며, 주산지는 인도, 스리랑카, 과테말라, 코스타리카, 탄자니아 등이다(100.naver.com/100.nhn 참고).

257 9월 14일

맛보는 한 모금에
불은 그 열을 준다.
물은 그 습기를 준다.
잎은 그 매혹을 준다.
잔은 그 공허함을 준다.

음미할 때마다
나를 만들 듯
차를 만드는 그 모든 것을
보지 않을 수 없다.

– 〈잎들의 성직자The Minister of Leaves〉에서

258 9월 15일

우롱차 잎은
대개 세 번까지 몇 차례 활용된다.

259 9월 16일

점심 후에는
짧은 낮잠 한숨
일어나서는
차 두 잔.

– 〈중국 시Chinese poem〉에서

260 9월 17일

달콤한 향이 필요하면
차에 단풍나무 시럽을 1큰 스푼 넣는다.

261 9월 18일

프랑스산 차 압착기tea press는
루스리프[102] 차의 풍부한 향을 즐길 수 있는
깔끔하고 편한 방법을 알려 준다.

102) 본문 84의 각주 참조

262 9월 19일

차를 거르는 데 쓰이는 스푼은
대개 볼에 구멍이 있고 은제품이다.
손님들은 필터와 차 여과기를 교묘히 빠져 나온
찻잎을 옮기는 데 이용할 수 있다.
그것은 찻잎이 아닌
차를 컵에서 서서히 빠져 나가게 한다.

– 존 베일렌슨John Beilenson,
〈차에 관한 책The Book of Tea〉에서

263 9월 20일

홍차 티백 하나에는
평균 40~45밀리그램의 카페인이 있는데,
커피 한 잔에 들어 있는 카페인의 절반보다 적다.

264 9월 21일

녹차에는
홍차에 들어 있는 카페인의 $\frac{1}{3}$ 인 20밀리그램 정도의
카페인이 들어 있다.

265 9월 22일

데미따세 스푼demitasse spoon[103]이란
약 3~4인치 가량의 작고 예쁜 스푼들이다.
그것들은 설탕, 우유, 또는 크림을
찻잔에 넣고 섞을 때 쓴다.

---

103) 데미따세demitasse는 프랑스어이며 에스프레소 커피나 차를 마시는 데 쓰이는 작은 도자기 잔이다. 보통 70밀리리터 용량으로 알려져 있다. 또한, 데미따세 스푼이란 데미따세 잔에 어울리는 작은 스푼들을 의미한다.

266 9월 23일

차 습포제는
화상으로 인한 아픔과 염증을 더는 데 쓰였다.

267 9월 24일

녹차는
홍차보다 더 강한 염증 억제 효과가 있다.

268 9월 25일

1890년 토마스 립턴[104]은
자신이 설립한 차 회사의 성공을 위해
"다원茶園에서 찻주전자로 직송"[105]이라는
슬로건을 내걸었다.

---

104) 영국의 토마스 립턴Thomas Lipton 경은 1850년 스코틀랜드의 글래스고에서 태어나 1871년 홍차의 대중화를 위해 립턴을 창립했다. 1890년 실론 섬의 차 농장을 사들여 미국 최초로 차 광고를 시작했다. 1893년 립턴은 자신의 홍차를 트레이드마크로 등록하고 제품 포장에 "토마스 립턴, 실론의 차 재배인"이라는 서명과 "본 서명이 없으면 진품이 아님"이라는 카피를 인쇄해서 제품을 시판하여 립턴 차를 세계적인 브랜드로 키워 냈다(en.wikipedia.org 참고).

105) 이 슬로건의 원문은 다음과 같다. "Direct from the Tea Gardens to the Teapot."

269 9월 26일

우유를 넣은 따뜻한 홍차 $\frac{1}{2}$컵에
카옌 후추[106) $\frac{1}{4}$티스푼을 곁들여
감기를 거뜬히 이겨내세요.

270 9월 27일

프랑스혁명 후
루이 16세와 마리 앙투아네트는 목이 잘렸고,
많은 프랑스인들은 차에 대한 욕구를 상실했다.
세금을 내며 지배당한 사람들의 고된 삶과는 달리
차는 귀족층의 과욕과
그들의 행복한 삶을 대변했다.

271 9월 28일

크림은 (위에) 너무 부담을 주니
차에 우유를 넣으세요.

272 9월 29일

아놀드 파머[107] 음료는
(달거나 달지 않은) 아이스 티 절반과
레모네이드 절반으로 만들어진다.
전설적인 골프 선수의 이름을 따서 명명되었다.

---

106) 카옌 후추cayenne pepper는 무척 매운 고추의 일종으로 향신료로 쓰인다. 포만감을 증진시켜 식욕을 떨어뜨리고 음식 섭취를 줄이도록 해 다이어트 식품으로 활용되기도 한다.

107) 아놀드 파머Arnold Daniel Palmer는 1929년 9월 10일에 태어난 미국의 전설적인 골프 선수이다. 1953년 US 오픈에 출전해서 PGA 무대에서 데뷔 수상한 이래, 1993년에 Humanitarian Award, 1993년 Variety Club International 수상 등 다수의 수상 경력이 있다(en.wikipedia.org 참고).

273 9월 30일

마챠matcha, 抹茶[108]는

일본의 다례茶禮에 쓰이는

좋은 분말 녹차이다.

---

108) 차나무의 어린 새순을 갈아 미세한 분말로 만든 차이다. 일본에서 말차 抹茶가 성행하다 보니 이 책의 지은이처럼 그 유래를 일본으로 오해하는 경우도 많지만 말차는 중국 송宋나라 때의 음다법飮茶法이 일본으로 전래되어 발전된 것이다. 찻잎을 끓이면 색깔이 변했기 때문에 송나라 사람들은 가루차에 뜨거운 물을 붓고 차를 저어 마시기 시작했다(en.wikipedia.org 참고).

10월

October

274 10월 1일

차 마스터는 예술의 영역에 지대한 영향을 미쳤는데,
그들이 삶의 행실에 미친 영향에 비교할 만한 것은 없다.
교양 있는 사회의 운용에서는 물론
내부의 모든 세세한 문제를 조정할 때도
우리는 차 마스터의 현존감을 느끼게 된다.

– 카쿠조 오카쿠라Kakuzo Okakura 岡倉覺三

275 10월 2일

타이 아이스 티

(타이 차 분말로 만든) 진한 타이 차Thai tea $\frac{1}{4}$컵

끓는 물 $\frac{1}{2}$컵

달콤한 농축 우유 2티스푼

무가당 연유나 전유

얼음

박하를 곁들인 고명

....

타이 차 분말, 끓는 물, 달콤한 농축 우유를 섞는다.

얼음을 넣고 무가당 연유나 전유를 (휘젓지 말고) 마무리하여,

박하 잎으로 고명을 곁들인다.

276 10월 3일

낯선 두 사람 사이의
가장 짧은 거리는
가득한 찻주전자와 찻잔 두 개이다.

277 10월 4일

차를 모르는 사람이라면,
그는 진실과 아름다움을 이해할 수 없다.

– 일본 속담

278 10월 5일

차에 레몬과 우유를 함께 넣으면 안 된다.
레몬이 우유를 응고시킬 것이다.

279 10월 6일

영국인은 1600년대 중반에 네덜란드 선술집에서
정원 차의 즐거움을 경험한 다음
다원茶園의 아이디어를 생각해 냈다.

280 10월 7일

영국인은 신사숙녀들이 차를 마시며 산책하고,
음악, 자연의 경이로움, 배우의 연기,
게임 따위를 즐길 수 있는
즐겁고 호화로운 정원들을 만들었다.

281 10월 8일

영국 다원茶園은
여성을 포함하는 모임 장소가 되었다.
처음에는 여성에게 스캔들이나 비판 없이
남녀 동시 입장이 허용되었다.

282 10월 9일

대중적인 영국 다원은
계급과 배경이 다른 사람들이 교제하는
영국사회 전체의 사교 장소가 되었다.

283 10월 10일

우롱차를 만드는 데 쓰이는 찻잎은
잎의 일부를 산화시켜 만드는
홍차를 만드는 데 쓰이는 찻잎보다
더 빨리 시든다.

284 10월 11일

교회 벽시계가
10시부터 3시 사이에 멈춰 있는가?
그리고 차에 넣을 벌꿀이
아직 남아 있는가?

– 루퍼트 부르크Rupert Brooke,
〈그란체스터의 낡은 목사관
The Old Vicarage, Grantchester〉에서

285 10월 12일

찻잎을 고른 다음,
산화 과정을 멈추도록
녹차 잎들을 즉시 찐다.
그런 다음 찻잎을 볶고 말린다.

286 10월 13일

우롱차 티백 하나에
30밀리그램의 카페인이 들어 있다.

287 10월 14일

중국의 푸얼 차pu-erh tea 普洱茶[109]를 마실 때는
후루룩 소리를 내며 색다른 매너로 마셔야 한다.
공기는 여러 가지 향기를 퍼뜨리며
당신의 미각 돌기에 많이 닿게 한다.

---

109) 푸얼 차pu-erh tea는 보이차普洱茶의 중국어 발음으로 중화인민공화국 윈난성雲南省 남부지방에서 나는 발효차의 일종이며 종류상 흑차黑茶에 속한다. 푸얼 차를 말이나 당나귀에 싣고, 티베트나 네팔, 인도에 수출한 길을 차마고도茶馬古道라고 한다. 중국 윈난성의 서쌍판납西雙版納과 사모지구思茅地區와 란창강瀾滄江 유역이 푸얼 차 재배의 중심지이며 26개의 소수민족이 오래 전부터 차를 재배해 왔다. 푸얼 차가 유명해지자 중국 정부는 2007년 4월 8일 도시명을 쓰마오시思茅市에서 푸얼시普洱市로 변경했으며, 같은 이유로 중전中甸도 샹그릴라로 변경했다. 푸얼 차에는 생차와 숙차가 있다. 생차는 찻잎을 자연 상태로 방치하여 오랜 세월에 걸쳐 발효시켜 만든 차이며, 오래될수록 풍미가 좋아져 수십 년 지난 것은 고가에 거래된다. 숙차는 고온 고습한 환경에서 인공으로 빠르게 발효시켜 비교적 단시일 내에 만든 차이며, 현재 시중에 유통되는 대부분은 숙차이다(enc.daum.net/dic100/ 참고).

288 10월 15일

최고의 차 생산 국가는
중국, 인도, 스리랑카, 인도네시아, 터키,
그리고 베트남이다.

289 10월 16일

인도에서의 차 생산은
영국이 차에 대한 갈증을 풀기 위해
중국보다 원료가 더 필요했던 19세기에 시작되었다.

290 10월 17일

커퍼cuppa는
'한 잔의 차'를 뜻하는 구어체 영어이다.

291 10월 18일

특별하게 차를 내놓기 위해
2인치 가량 모서리의 여분을 남기고
설탕 한 컵을 쿠키 시트에 뿌리세요.
모서리를 가릴 수 있게 버터로 덮은 다음,
설탕이 캐러멜 색깔로 바뀔 때까지 구워 주세요.
식힌 다음 차 곁에 내놓을 수 있게
작은 조각으로 부셔 주세요.

– 앨다 엘리스Alda Ellis,
〈우아함의 목록A Table of Grace〉에서

292 10월 19일

벌레 물린 데나
면도의 상처 부위에
축축한 녹차 티백을 올려 놓으면
통증 완화에 좋다.
차의 고유한 성질이
가려움과 붓기를 줄여 줄 것이다.

293 10월 20일

멕시코나 남아메리카에 사시는 분이라면,

포다르코Pau d' Arco[110] 나무의

껍질 안쪽에 함유된 성분으로 만든

포다르코 차를 마실 수도 있다.

110) 포다르코Pau d' Arco는 브라질의 아마존 지역과 남미의 일부지역에 자생하는 타히보Taheboo라는 나무껍질 안쪽에 들어 있는 성분이다. 전통적으로 각종 암과 통증, 관절염, 전립선염, 발열, 이질과 종기, 궤양 같은 증상을 치료하는 데 사용되었다. 고대 잉카제국의 인디오들은 건강유지를 위해 이 수목차를 즐겨 마셨다고 한다. 포다르코에는 NFD라는 항암물질과 피를 깨끗하게 하는 천연 항생물질이 들어 있어 면역 체계의 강화 및 겨울철 감기나 각종 질병 예방에 효과적이다(blog.daum.net/vitaminhousebiz/12417328 참고).

294 10월 21일

추위를 느낀다면
차가 당신에게 온기를 주리라.
심한 더위를 느낀다면
차가 당신을 시원하게 하리라.
우울한 기분이 든다면
차가 기분을 북돋아 주리라.
너무 지쳐 있다면
차가 당신을 침잠하게 하리라.

– 윌리엄 글래드스톤William Gladstone

295 10월 22일

1773년 12월 16일 이른 저녁, 아메리카인디언 모호크족 Mohawk으로 변장한 무리들이 부두 옆 언덕에 모였다. 그들은 전쟁이 일어나면 외치는 인디언식 고함을 내지르며 그들의 배를 서로 정박해 놓은 부두로 몰아가 갑판에서 차를 들이키며 소지품 상자를 부순 다음 모두 342개의 차를 바다로 내던졌다. 이 일을 다 끝내는 데 약 세 시간이 걸렸으며 폭력적인 저항은 아니었다. 폭도들은 차 말고는 아무것도 파손하거나 부서뜨린 것이 없음을 입증했다. 그리고 폭도들은 그 후 갑판을 치웠다.[111)]

– 영국 런던의 차 위원회

United Kingdom Tea Council, London

---

111) 보스턴 차 사건Boston Tea Party 당시의 상황을 엿볼 수 있는 내용이다.
112) 본문 112의 각주 참조.

296 10월 23일

차를 저을 때,
절대로 스푼이 찻잔에 닿게 하면 안 된다.
그 대신 잔의 중앙에서 차를 저어야 한다.

297 10월 24일

당신의 발에 차 한 잔을 주며
하루 일과를 마치세요.
뜨거운 물이 담긴 작은 목욕통에
카밀레chamomile[112] 꽃을
티스푼으로 여러 번 넣어 주세요.
향의 기쁨을 만끽하려면
방향유나 목욕용 방향제를 추가하세요.
몇 분 간 적신 다음 발을 흠뻑 젖게 해 주세요.

298 10월 25일

더 진한 향이나 조금 색다른 것을 원할 때는
차에 감귤 껍질, 향료, 또는 향신료를 넣는다.

299 10월 26일

오, 차여!
오 성스러운 나무에서 잎이 뜯기는구나!
오 줄기여, 위대한 신들이 주신 선물!
기쁨으로 가득한 어떤 곳이
그대를 지루하게 했는가?
하늘의 어느 곳에서
당신의 건강과 더불어
지구는 부풀어오르고 번성한다.

– 피에르 다니엘 휴,[113] 〈차 엘레지Tea Elegy〉(1709) 중에서

300 10월 27일

기원전 500년 전 무렵 중국인들은
차에 오렌지 껍질과 향신료를 넣고 같이 끓여
그 향을 즐겼다.

301 10월 28일

차는
기쁨을 준다.

---

113) 피에르 다니엘 휴(Pierre Daniel Huet, 1630~1721)는 프랑스의 성직자이자 차를 애호했던 저명한 학자이다. 그가 1709년에 썼던 〈차 엘레지 Tea Elegy〉라는 시는 차 애호가들로부터 많은 사랑을 받았다.

302 10월 29일

차의 효과는 시원하게 하며
마실 것으로도 가장 알맞다.
자제하며
내면의 가치를 중시하는 사람에게 특히 좋다.

– 루 유(Lu Yu 陸羽, 715–803), 〈다경茶經 Ch' a Ching〉[114]에서

303 10월 30일

차 한 잔에서 김이 오르면
우리는 역사에 둘러싸이네.
우리 손에 시대의 안락을 쥐고
고대의 시간과 대지를 마신다네.

– 〈믿음의 녹색사발Faith Greenbowl〉에서

304 10월 31일

아삼[115]은

인도의 아삼Assam 지역에서 나는 홍차이다.

아삼에는 잉글리시 블랙퍼스트 차,

아이리시 블랙퍼스트 차,

그리고 스코틀랜드 블랙퍼스트 차가 포함된다.

---

114) 〈다경茶經〉은 760년경에 간행된 다도茶道의 고전으로 중국 당唐나라 때의 문인 육우陸羽가 지은 다도茶道의 고전이다. 상권은 차의 기원, 차를 만드는 법과 도구에 대해, 중권은 다기茶器에 대해, 하권은 차를 끓이는 법과 마시는 법, 산지와 문헌에 대해 기술했다. 보다 구체적으로 육우는 〈다경〉에서 차의 근원, 차의 연장, 차 만들기, 차의 그릇, 차 달이기, 차 마시기, 차의 옛일, 차의 산출, 차의 생략, 차의 그림에 대해 설명했다. 백천학회본百川學會本 등 여러 가지 판본이 있다(en.wikipedia.org 참고).

115) 아삼Assam은 인도의 아삼 주에서 생산되는 인도의 재래종 홍차 품종의 호칭이다. 아삼종 홍차는 인도 아삼주의 재래종 차나무에서 나며 1823년 영국의 군인 로버트 브루스 소령에 의해 전세계에 알려지게 되었다. 브루스 소령이 발견한 나무는 높이 12m 정도로 잎 길이 약 20cm, 너비 약 4cm이며 끝이 뾰족하며 보통 차나무보다 훨씬 크다. 아삼 홍차는 강렬한 맛과 몰트molt 향, 그리고 진한 붉은색이 조화를 이룬다. 맛과 향이 강하기 때문에 주로 우유를 넣어 밀크 티로 마시며, 잉글리시 블랙퍼스트 같은 브랜딩의 기본 재료로 쓰인다(en.wikipedia.org 참고).

11월

November

305 11월 1일

인도에서는
차이Chai[116]가 커피보다 더 인기 있다.
차이는 우유와 물이 담긴 냄비에
루스리프loose-leaf[117] 차를 끓여 만든다.

116) 본문 66의 각주 참조.
117) 본문 84의 각주 참조.

306 11월 2일

바람과 비가 휘몰아치고 있는 동안에도,
4시의 촛불, 난로 앞에 까는 따뜻한 깔개,
차, 좋은 차 거르개, 닫힌 뚜껑,
바닥까지 닿는 커튼의 치렁치렁한 주름이 있는
겨울의 난롯가 주위에 모여
모든 사람들이 분명 굉장한 기쁨을 느끼고 있었다.

– 토마스 드 퀸시Thomas De Quincey

307 11월 3일

차는
성찰하게 한다.

308 11월 4일

차는 천연직물을 염색하는 데 쓰일 수 있다.
포도주 색깔의 새 식탁보를 만들거나
얼룩진 커튼을 새로 바꾸려면
차에서 나오는
암갈색 명암이나 색조를 활용한다.

309 11월 5일

남자들이 1페니의 입장료를 내고
동료들과 대화하며 차를 마시던
'1페니 대학Penny universities'[118]은
옛날 영국에서 커피 하우스를 가리키는 말이었다.

310 11월 6일

차 깔때기는
찻잎을 저장용기에서 찻주전자로 옮길 때 쓴다.

311 11월 7일

주둥이 바늘은
찻주전자의 주둥이 부분에 걸린 잎들을 없애는 데 쓴다.

---

118) 1652년 영국 런던에 최초의 커피하우스가 오픈되자 커피하우스는 1페니 대학Penny Universities이라고 불렸는데 1페니만 내면 커피를 마시며 사람들과 이야기를 나누고 토론하는 장이 되었기 때문이다. 변호사, 작가, 군인 같은 다양한 계층의 모임이 커피하우스에서 열렸으며 나중에는 그 자리가 국제적인 보험회사인 로이드Lloyd' s로 바뀌었다(en.wikipedia.org 참고).

312 11월 8일

코코넛 박하 차(8잔)

싱싱한 박하 잎 2컵

2배 농도의 새로 끓인 차 8컵

코코넛시럽 1컵

신선한 오렌지주스 5큰 스푼

....

박하 잎을 나무스푼으로 으깬다.

큰 주전자에 박하 잎들을 넣는다.

뜨거운 차, 코코넛시럽, 레몬주스를 첨가한다.

필요할 경우에는 큰 스푼으로 코코넛시럽을 더 넣고

티스푼으로 오렌지주스를 더 넣는다.

– 에밀리 반즈Emilie Barnes,

〈영감의 열두 가지 차The Twelve Teas of Inspiration〉에서

313 11월 9일

찌꺼기 스푼은

찻주전자에서 다 우려진 찻잎들을 없앨 때 쓴다.

314 11월 10일

친구가

한 잔 더 달라고 하면

대화의 문을 열겠다는 뜻이다.

– 게일 페어런트Gail Parent

315 11월 11일

"제가 늘 마시던 거요."
그녀가 늘 마시던 것은
시에스타(낮잠)에서 깨어나 정신이 들게 하는
여러 가지 동양차를 섞은 독한 즙이었다.

– 가브리엘 가르시아 마르께스Gabriel Garcia Marquez,
〈콜레라 시대의 사랑Love in the Time of Cholera〉에서

316 11월 12일

차 주걱은
(약간의 기름기도 흡수하지 않고,
마른 잎이 피부에 닿지 않도록)
저장용기에서 찻잎을 꺼낼 때 쓴다.

317 11월 13일

차 집게는
찻주전자에서 다 우려낸 찻잎들을 모을 때 쓴다.

318 11월 14일

위대한 안나여,
여기 있소!
세 나라를 굴복시키고,
때때로 조언을 듣고
가끔 차를 마시는 자는 누구인가.

– 알렉산더 포프Alexander Pope

319 11월 15일

피터는 저녁에 컨디션이 그리 좋지 않았다.
엄마가 그를 침대에 눕히고,
약간의 카밀레 차[119]를 끓여 주었다.
"잘 때 큰 스푼에 꽉 차게 마셔야 해."

– 베아트릭스 포터Beatrix Potter,
〈피터 래빗 이야기The Tale of Peter Rabbit〉에서

---

119) 본문 112의 각주 참조.
120) 본문 112의 각주 참조.

320 11월 16일

고대 그리스인, 로마인, 이집트인들은
병을 고치는 데 카밀레[120)]를 이용했다.

321 11월 17일

1900년대 이전에는
화물선이 동양에서 런던으로 항해하여
차를 실어 나르는 데
대략 12~15개월이 걸렸다.

322 11월 18일

1866년의 위대한 차 경주the Great Tea Race[121]에는

차를 운반하던 쾌속범선이 참가했다.

경주는 16,000마일이었고

중국 푸저우Foochow 福州에서 시작되어

영국 런던에서 끝났다.

경주는 99일 간 진행되었다.

---

121) 클리퍼clippers는 차의 빠른 배송을 위해 만들어진 쾌속범선이다. 쾌속범선 전성기에 많은 경주가 이루어졌는데, 1866년의 위대한 차 경주the Great Tea Race는 전세계적인 센세이션을 일으켰다. 차의 첫 수확제품을 기다리며 16척의 쾌속범선이 중국항구에 정박했고, 모든 배들은 톤 당 10실링을 더 받는 승자에게 주어지는 엄청난 프리미엄을 기대했다. 16척의 배들 가운데서 'Teaping(티핑호)', 'Fiery Cross(피어리 크로스호)', 'Taitsing(타이씽호)', 'Serica(세리카호)', 'Ariel(아리엘호)'가 유망주였다. 첫 수확한 차를 선적하자, 이 다섯 척의 배들은 사나운 남동 무역풍을 타고 희망봉을 향해 질주하였다. 아리엘호가 도크에 8분 차이로 맨 먼저 도착했지만 조수가 낮아 정박할 수 없었고 곧 이어 도착한 티핑호가 승자가 되었다. 그러나 페어플레이 룰을 적용하여 그 상금은 똑같이 공동분배하기로 결정되었다. 세리카호가 같은 조수대에 1.5시간의 차이로 런던에 도착하였다. 이틀 후에는 피어리 크로스호와 티이씽호도 런던에 도착했다(en.wikipedia.org 참고).

323 11월 19일

립턴 차는 1952년에
플로스루 티백flo-thru tea bag으로 불린
네 면의 티백으로 특허를 얻었다.

324 11월 20일

녹은 눈으로
나는 향기로운 차를 끓인다.

– 메니커스Menicus

325 11월 21일

주전자가 있었다, 새도록 놔두었다.
수리하지 않자 주전자는 더 나빠졌다.
일주일 간 우리는 어떤 차도 못 마셨다.
그 바닥이 우주를 벗어났구나.

– 루디야드 키플링Rudyard Kipling

326 11월 22일

차의 거장인 루 유Lu Yu 陸羽는
차에 대해 처음으로 소개한
〈다경茶經 Ch' a Ching〉을 썼다.[122)]

327 11월 23일

차 모임에 샌드위치를 내놓을 때는
촉감이 다른 여러 종류의 빵을 준비하세요.
호밀빵, 밀가루 빵, 건포도 넣은 빵, 대추 넣은 빵,
땅콩 넣은 빵 같은 여러 가지를 선택하세요.
빛깔과 다양함을 위해
샌드위치 하나에 빵 두 가지를 놓아 보세요.

328 11월 24일

따사 데 떼taza de te[123]는
스페인어로 찻잔을 뜻한다.

---

122) 본문 302의 각주 참조.
123) 스페인어로 따사taza는 잔이고 떼te는 홍차이다.

329 11월 25일

남부 드본셔 크림 Southern Devonshire Cream

6온스의 상자 분량의 사워크림 1개

8온스의 크림치즈 덩어리 1개

설탕 분말 1컵

....

전기 믹서로 크림성분들이

솜처럼 가벼워질 때까지 휘젓는다.

고급 유리그릇에 넣는다.

딸기나 작은 박하 조각으로 꾸민다.

– 앨다 엘리스Alda Ellis,

〈차에게 경의를Hats Off to Tea!〉에서

330 11월 26일

다례茶禮는
수년 간의 훈련과 연습이 필요하다…
하지만 디테일에 있어서 이 예술 전체는
한 잔의 차를 만들어 내놓는 것 이상의
그 무엇을 나타내지는 않는다.
가장 중요한 문제는 가능한 한
그 행위가 가장 완벽하고,
가장 품위 있고, 가장 기품 있고,
가장 매력적인 자태로
이루어져야 한다는 것이다.

– 라프카디오 헌Lafcadio Hearn

331 11월 27일

유럽과 러시아의 다기 생산자들은
17세기와 18세기에 이르는 동안
장미무늬를 넣은 그릇을 좋아하는
성향과 취향을 맨 먼저 나타냈다.

332 11월 28일

차는
아름다움을 떠올리게 한다.

---

124) 라벤더lavender는 꿀풀과에 속하는 20여 종種의 식물로 지중해 연안이 원산지이다. 고대 로마인들은 목욕할 때 욕조 속에 라벤더를 넣기도 했으며, 말린 꽃을 서랍이나 벽장에 넣어 향기가 나도록 했다(en.wikipedia.org 참고).

333 11월 29일

더 향기롭고 더 달콤하게
차 한 잔을 끓인다.
라벤더[124)]가 만발하면
잔에 꽃잎을 둥둥 띄운다.
가장 상큼한 차 맛이다.

334 11월 30일

인생에서,
오후의 차로 알려진 의식에 바친 시간보다
더 그럴듯한 시간이란 없다.

– 헨리 제임스Henry James,
〈여인의 초상Portrait of a Lady〉에서

12월

December

335 12월 1일

신시아는 조용히 들어왔고
그 앞에 차 한 잔을 놓았다.
그는 그녀의 손에
표현할 수 없는 감사의 키스를 했고
그녀는 부엌으로 돌아갔다.
사소한 것들을
우리가 감사하는 마음으로 바라볼 때,
아무리 사소한 것이라도 중요해진다.

– 얀 카론Jan Karon,
〈이 높고 푸른 언덕들These High, Green Hills〉에서

---

125) 크럼펫crumpet은 핫케이크의 일종으로 달지 않고 약간 짠맛이 난다.

336 12월 2일

차를 적당히 마시면
무료함이 사라지고,
공부에서 휴식을 찾게 하고,
운동하지 않고 절제하지 않는 사람들의
식사량을 줄여 준다.

– 사무엘 존슨Samuel Johnson

337 12월 3일

차와 함께 나오는 전형적인 크럼펫[125]은
한 쪽이 갈색이고
구멍이 많은 다른 쪽을 가볍게 구운
스코틀랜드 크럼펫이다.

338 12월 4일

차는 그 자체로 풍요로움이다.
처음 한 모금과 마지막 한 모금 사이에,
잃어버리지 않을까 싶은 아무것도 없고,
사라져 버리지 않을까 하는 걱정도 없고,
빠져 나가지 않으면 어쩌나 하는
부담도 없기 때문에.

– 〈잎들의 성직자The Minister of Leaves〉에서

339 12월 5일

차는
공동체를 생각하게 한다.

340 12월 6일

리츠Ritz 호텔의 차는
에드워드 왕 시대의 런던에서
최후의 맛있는 차이다.
조명은 부드럽고,
케이크는 작고,
연주 속도는 차분하고 느긋하며
자신감에 차 있다.

– 헬렌 심슨Helen Simpson,
〈오후의 차를 알리는 런던 리츠호텔 책자
The London Ritz Book of Afternoon Tea〉에서

341 12월 7일

좋은 차, 매혹적인 대상,
그리고 느긋한 분위기의 조화는
타고난 기질과 현대 생활의 스트레스를 씻어내는
치료효과가 있다.
차는 정신적으로 상쾌한 기분이 들게 하고
마음을 평온하게 한다.

– 존 블로펄드John Blofeld

342 12월 8일

따스 드 떼tasse de the는
프랑스어로 찻잔을 뜻한다.

343 12월 9일

당신의 겨울날을
따뜻하게 해드리려고
당신에게 사랑과 차를 보냅니다.
잔에 차를 따를 때마다 나를 생각해 줘요,
우리가 말하고 싶었던 모든 좋은 일도 함께.
수마일 떨어져 있지 않고
지금 우리가 함께 있을 수 있다면,
우리는 차와 추억들을 홀짝이며
달콤한 따뜻함을 가슴에 채우겠지요.

– 수잔 영Susan Young

344 12월 10일

차는
감사하는 마음이 일어나게 한다.

345 12월 11일

나는 지금 크럼펫crumpets[126] 만드는 것을 볼 수 있다. 작고 바삭바삭한 V자형 토스트, 얇은 관 모양의 뜨거운 스콘scones.[127] 이루 말할 수 없이 신비로운 향기를 내며 너무 달콤한 샌드위치와 생강이 들어간 아주 특별한 진저브레드 쿠키. 입 안에서 녹아내린 에인젤 케이크[128]와 껍질과 함께 터뜨린 더 느끼한 건포도. 굶주리는 한 가족이 일주일 간 먹기에 충분한 음식들이 있었다.

– 대픈 뒤 모리어Daphne du Maurier,
〈레베카Rebecca〉에서

346 12월 12일

차파티는
영혼을 위한 온천이다.
근심과 일을 놓아 버려야 한다.
바쁜 사람들은
자신의 업무를 잊어야 한다.
스트레스를 날려 버리고
감각을 일깨워야 한다.

– 알렉산드라 스토다드Alexandra Stoddard

126) 본문 337의 각주 참조.
127) 본문 93의 각주 참조.
128) 에인젤 케이크angel cake는 카스텔라의 일종이다.

347 12월 13일

라벤더Lavender 벌꿀

연한 벌꿀 2컵

라벤더 몇 조각

....

스튜냄비에 꿀을 넣고 중간 불에서 휘젓는다.

젤리 넣는 병에 라벤더를 넣고

데워진 꿀을 라벤더에 붓는다.

식힌 다음 단단한 뚜껑을 덮는다.

하루나 이틀 후에 꿀을 내놓는다.

스콘이나 비스킷, 또는 나중에 차를 마실 때 이것을 촉촉이 뿌리면 아주 좋다.

348 12월 14일

세계적인 알프스 산악인이
지구에서 가장 높은 산을 등정할 때,
지친 그들은
모든 음식을 소화할 수 없을 정도로
몸이 차가워진다.
눈을 녹여 끓인 차가
움직이게 하는 유일한 것이다.

– 진 스키너Gene Skinner

349 12월 15일

차 의식은

기도와 명상의 시간을 완벽히 보충한다.

350 12월 16일

물에 열이 충분히 가해져

물이 끓고 있을 때

비로소 준비가 되었다고 말해도 좋다.

다른 때가 아닌 바로 그 순간,

주전자에 물을 부으세요.

– M. F. K. 피셔M. F. K. Fisher

351 12월 17일

5시에 차를 내오면
깨끗한 커튼이 조심스레 내려오고
밝은 색 눈의 작은 검은 고양이가
갑자기 으르렁거린다.

– 헤럴드 먼로(Harold Monroe, 1879~1932),
〈고양이를 위한 우유Milk for the Cat〉에서

352 12월 18일

하이 티high tea[129]는

식당 테이블에 내놓을 수 있지만,

오후의 차는

쟁반이나 트레이에 담아 거실에 내놓는다.

– 안젤라 하인즈Angela Hynes,

〈오후의 차의 즐거움The Pleasures of Afternoon Tea〉에서

129) 본문 212의 각주 참조.

130) 셰르파 차Sherpa tea는 히말라야의 등산 안내인이 끓여 주는 독특한 홍차이다. 설탕과 레드와인 그리고 산에서 자라는 야생 포도를 으깬 것을 넣고 끓인 홍차로 비타민 C가 풍부하여 등산의 피로를 풀어 준다.

353 12월 19일

셰르파 차Sherpa tea[130)]는
체온을 올리며 산악인들의 저체온증을 예방한다.
냄비를 닦기 전에 마지막으로 요리한 똑같은 냄비에
차를 끓이는 것은 흔히 있는 일이다.
이것은 냄비의 음식을 이용해
차에 향과 영양을 더해 준다.

354 12월 20일

베두인 차Bedouin tea는
서아프리카에서 나는 녹색의 가공 차이다.
진한 쓴맛이 있어 두 배로 강하게 끓인 다음
앞니 사이에 설탕조각이나 각설탕을 문 상태에서 마신다.

– www.theteashop.com

355 12월 21일

차의 대가들은
단순성에 대한 자연스런 사랑을 강조하며
겸손의 미덕을 보여 주었다.
실제로,
그들의 가르침을 통해
차는 사람들의 삶 속으로 들어간다.

– 카쿠조 오카쿠라Kakuzo Okakura 岡倉覺三

356 12월 22일

"혼자 테이블 모서리에 앉아 차를 따르는 내 자신을 상상해 봐요. 그리고 다이애나에게 설탕을 원하는지 물어 볼 거예요! 난, 그녀가 원하지 않을 것을 알면서도 모르는 체하며 그녀에게 물어 볼 거예요." 앤은 도취한 듯 눈을 감은 채 말했다.

– 루시 모드 몽고메리Lucy Maud Montgomery,
〈빨강머리 앤Anne of Green Gables〉에서

357 12월 23일

우유를 섞은 타이 아이스 티는
'차 이엔cha yen' 이라고 한다.
우유를 섞지 않은 차는
'차 둠 이엔cha dum yen' 이라고 한다.

358 12월 24일

좋은 차 한 잔으로 해소할 수 없는
그토록 엄청나고 엄숙한 고통이란 있을 수 없다.

– 버나드–폴 헤루Bernard–Paul Heroux

359 12월 25일

차는…
인생의 예술에 관한 종교이다.

– 카쿠조 오카쿠라Kakuzo Okakura 岡倉覺三

360 12월 26일

모닝커피 한 잔에는
오후나 저녁 때 마시는 차에서 기대할 수 없는
기분을 북돋아 주는 유쾌함이 들어 있다.

– 올리버 웬델 홈즈 경Oliver Wendell Holmes, Sr.

361 12월 27일

오늘 차 마시러 가는 당신.
그러니까 어떻게 행동할지 신경 쓰세요.
저는 바랄게요,
당신에 대해 듣게 되는 모든 게 즐거운 말이 되기를.

– 케이트 그린어웨이Kate Greenaway

362 12월 28일

차는

축하하는 마음이 일어나게 한다.

363 12월 29일

이 차 한 모금이

의기소침해진 영혼을

기쁨과 환희에 젖어들게 하리라.

– 밀턴Milton

364 12월 30일

차는
일체감을 고취한다.

365 12월 31일

잎의 크기라는 것이 있다.
잎의 독특한 모양,
잎의 독특한 색깔,
잎의 독특한 향기,
잎 자체에 있는 모든 맛,
그리고 한 모금씩 마실 때마다…
맛도 달라진다.

– 론 루빈Ron Rubin, 〈티 칭Tea Chings〉에서

참고자료

다음 웹사이트는 유용한 정보를 제공해 주었다.

www.bigelowtea.com

www.serendipitea.com

www.stashtea.com

www.tea.co.uk

www.daum.net

www.naver.com

www.wikipedia.org